小学校

こころを育てる授業ベスト17

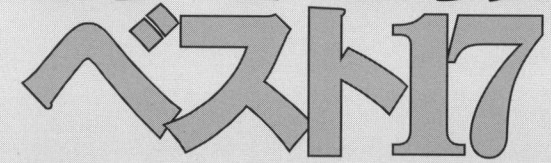

諸富祥彦 編集

育てるカウンセリングを生かした
道徳・特活・総合・教科
の実践

図書文化

はじめに

　この本は，数ある「こころを育てる授業」や教育実践の中から，選び抜かれたベストな実践を紹介するものです。
　ここ数年，学校教育において，子どもたちの「こころを育てる」ためのさまざまな手法や工夫が急激に広まってきました。私の専門であるカウンセリングの分野でも，それまでの「治すカウンセリング」に対して，「育てるカウンセリング」という考えが國分康孝先生によって提唱されてきました。その目玉商品が，構成的グループエンカウンターです。
　他にも，ソーシャルスキルトレーニングやピアサポートをはじめとするさまざまなアプローチが学校現場に導入され，子どもたちのこころを育んできました。10年前に比べると，計り知れないほど大きな進歩だと思います。
　しかし，個々の実践をよく見ると，まだまだ場当たり的なものが少なくありません。「このエクササイズが面白そうだからやってみました」といった感じのものが少なくないのです。
　もちろんそれでも，やらないよりはやるほうがいいに決まっています。また実際，ある程度の効果はあがっていることでしょう。しかし，ほんとうに子どもたちの生き方に深く浸透していくような，すぐれた実践をおこなうには，もっと多くのものが要求されます。

　いい授業には　・教師の思いや哲学が込められています。
　　　　　　　　・子どもの実態が踏まえられています。
　　　　　　　　・単発でなく，連続的な流れで子どもを育てています。
　　　　　　　　・練りに練られた教材と指導案があります。
　　　　　　　　・効果が実証され，それにもとづいて改良されています。

　このレベルの「こころを育てる」実践というものは，実はほとんどありません。
　先生方はあまりに忙しく，一つ一つの実践にそんなに時間やエネルギーをかけているわけにはいかないからです。そんな多くの先生方にとって，私が言うことはあまりに高い要求だ，と思われるでしょう。ごもっともです。
　たしかに，先生方はあまりにも忙しい。私も，したがって「ベストを目指すのではなく，少しでもできることをしていきましょう。無理は禁物です」といつも申し上げています。
　けれども，なかには，さきの条件を満たす「ベスト授業」「ベスト教育実践」を，時間をかけてじっくりつくりあげることができる先生方がいるのです。
　例えば全国の自治体がおこなっている内地留学（長期研修）制度によって，大学の研究室などにやってくる先生方です。

私が住んでいる千葉県は，この長期研修制度に全国でももっとも力をいれている自治体だと思います。毎年，かなり多くの先生方が，給与をもらいながら大学などで研修を積んでいます。1年をかけて「これでどうだ」という授業や教育実践を練り上げ，その効果を検証するのです。1つの単元に相当する授業を作り出すことだけに1年間を使うことができるのです。

　私が千葉大学にいた頃，研究室には，千葉に加えて，富山，高知からも内地留学の先生がやってこられて，研究テーマに取り組んでいました。1年をかけるわけですから，先生方も全力をあげて，実践を練り上げていきます。そしてその効果を検証します。私も本気で指導していました。学会誌に投稿しようと思えばできるくらいの，しっかりした内容と検証がなされているものも少なくありません。

　しかし，その成果の多くは地域の発表会で，少人数の前で発表されるだけに終わってしまいます。これでは，あまりにももったいない。もっと全国に，せっかくの成果を発信していかなくては，と私は思いました。

　そんな思いを込めて，先生方が私の指導を受けながら練りに練った授業や実践を紹介することが，本書のねらいです。「諸富研」の先生方が中心ですが，千葉大学でおつきあいいただいた明石要一先生，天笠茂先生，上杉賢士先生，藤川大祐先生にも，それぞれがご指導された先生方を紹介してもらいました。

　私はおかげさまで，毎年かなりの回数，全国から講演や研修，校内研修などの声をかけていただいています。国や自治体の研究指定を受けた学校から相談を受けることも少なくありません。こうして全国をかけめぐっていることの大きな財産は，全国の優れた先生との出会いがあることです。そのようにして出会い，「これは面白い！」と思った先生方や学校の実践も本書には紹介してあります。

　お読みになられて，「これは！」と思われた実践がありましたら，ぜひ真似することから始めてください。最初からベストなオリジナル授業を目指しても，挫折しやすいものです。まずは模倣から入って，徐々にオリジナリティを加えていけばよいのです。

　この本によって先生方が刺激を受けられ，さらによい授業実践を次々と生み出されていくこと，そのことを通して，わが国の「こころの教育」がレベルアップしていくことを心より願っています。

明治大学文学部助教授　諸富祥彦

CONTENTS

小学校
こころを育てる
授業ベスト17

こころを育てる授業とは
[鼎談] 上杉賢士・藤川大祐・諸富祥彦

1．こころを育てるとは　8
2．こころを育てる授業と実践のポイント　12

こころを育てる授業 ベスト17

自分を深める・他者とかかわる

1．実感と感動の「生命」の授業　21
　……………………………………………………………………4年生，学活・道徳
2．「価値の明確化」で友だち関係を考える　33
　……………………………………………………………………5年生，道徳
3．ホリスティック教育でこころを深める　43
　……………………………………………………………………4〜6年生，学活
4．「こころのダム理論」でストレスコーピング!!　53
　……………………………………………………………………5〜6年生，道徳・学活
5．解決志向アプローチで「こころの虫退治」　63
　……………………………………………………………………3〜4年生，道徳

郷土や環境を大切にする

6．達人教師の郷土愛の授業　75
　……………………………………………………………………6年生，道徳
7．コンセンサス学習を生かした環境教育　87
　……………………………………………………………………5年生，道徳・学活
8．地域体験学習で育む郷土愛　97
　……………………………………………………………………5年生，総合

将来の夢をふくらませる

9．キャリアエデュケーションは小学生から　　105
.... 6年生，学活

10．さまざまな職業体験から考える「夢実現プロジェクト」　　117
.... 5年生，道徳・総合

身の回りの問題に取り組む

11．すご腕教師の国際理解教育「外国からの転入生」　　127
.... 5年生，道徳

12．楽しい食育で自律心が育つ　　137
.... 1〜2年生，学活・総合

13．障害をもつ人とのふれあい体験による「こころのバリアフリー」　　147
.... 5〜6年生，総合

14．企業人に学ぶ利他的な夢　　155
.... 5年生，総合

15．毎日のクラス会議でこころが育つ　　167
.... 全学年，学活

さまざまなテーマ

16．教師同士のピアサポート　　177
.... 教師，研修

17．明日も来たくなる学校づくり　　187
.... 全学年，全活動

鼎談

こころを育てる授業とは

上杉賢士・藤川大祐・諸富祥彦

1 こころを育てるとは

《いまなぜこころの授業なのか》

諸富● お忙しいなかお集まりくださりありがとうございます。さまざまな現場で特色のある授業に取り組んでいらっしゃる上杉賢士先生，藤川大祐先生とともに，小学校でのこころを育てる教育について考えていきたいと思います。

まず最初にいまなぜこころを育てる授業が大切なのか，この点について考えます。

上杉● 私は道徳や総合的な学習など，こころの周辺の仕事に取り組んできました。「知・情・意」という古典的な分類に即して考えると，いまの子どもにはどれも欠けていると感じます。このなかで，私のこころの教育の土台にあるのは「意」の部分への働きかけです。「情」の部分に働きかけることもできますが，それは意図的・計画的にできることではありません。自分が何をやりたいのか，子どもたちのこころのなかにわき上がる意思や意欲やエネルギーを意識してやってきました。

上杉賢士
千葉大学教授。小学校教諭当時より，20年以上にわたり道徳教育を専門に取り組んできた。現在は，総合的な学習のあり方に重点を置いている。それに関連して，我が国のプロジェクト学習研究の第一人者として，本場アメリカで得た手法を国内の学校で実践。子どもたちの内面に潜む学びの意欲を刺激しつづけている。

いま子どもたちが道徳や総合的な学習や特別活動など，日常的に学んでいることは，少なくとも子どもたちのニーズから出てきたものではありません。これまで子どもたちのなかに「学びの意思」を形成してこなかったので，「何でも好きなことをやってごらん」という方針の総合的な学習が始まって，現場はたいへん困りました。

したがって，いまの段階はテーマや素材を提示される環境のなかで，子どもたちが自分の求めを覚醒させている時期と言えます。その意味で「意」の部分が覚醒できたら，子どもの状況は変わるのではな

いかと思います。

諸富● 逆にこれまでの道徳教育では「情」の部分に重きを置きすぎたのかもしれません。藤川先生はいかがでしょうか。

藤川● こころと身体は一体のものというとらえ方をすると、心と身体を切り離してこころの教育を考えてしまうと間違ったものになってしまいます。

藤川大祐
千葉大学助教授。環境教育や算数教育、ディベート教育などの分野を中心に、新しい授業の開発を手がけている。総合的な学習がスタートしてからは、現場の教師とともに、メディアリテラシー教育やアーティストと連携した授業をテーマに活動している。また、企業と連携して実社会とつながりのある授業開発に意欲的に取り組んでいる。

私は、子ども向け・教師向けのワークショップを実践しているので、アーティストとつきあいがあります。彼らが内面的な表現をするとき、身体は非常に大きな位置を占めています。身体を柔らかくして、環境と相互作用をもつことで初めて出てくる表現があり、身体の動かし方と関連してこころが育つという場面を多く見てきました。

このとき重要なのがコミュニケーションです。違う者同士が出会って、違いを前提としながら悩んだり喜びを分かち合ったりするとき、コミュニケーションがカギになります。アーティストの実践でも互いの違いが前提で、「私はこう感じた、こう思った」という多様性が面白いのです。

こうした「違い」をダンスに仕立てることもありますが、これは一人一人が違うから成り立つのであり、みんなが同じ動きをしていたらできません。

学校の発想では、同じであることを前提として授業が行われることがありますが、この前提であるかぎり本当の意味でのこころの授業ができるのか気になります。

私が取り組んでいるディベート授業も、違う者同士のコミュニケーションということが基本で、まず「聞くこと」を重視します。異文化理解や国際理解、メディア教育、アートなどすべてが、「世の中にはさまざまな見方がある」ということを前提とした、違う者同士のコミュニケーションという側面をもっています。こうして違う者同士が身体を使ってコミュニケーションを図ることが、結果的にこころを育てることにつながると思います。

《一人一人が違うという前提で行う授業》

諸富● いま藤川先生は、こころの教育には身体やコミュニケーションが大切だとおっしゃいましたが、昔の子どもたちと比べて、現代の子どもたちに何か危機的なものを感じま

すか。

藤川● いまはみんなが同じであることに納得しない子どもや親が増えています。かつては学級にひとりふたりのみんなと行動をともにしないような子どもがいる程度でしたが，いまは割合が増えていて，これが悪く作用すれば学級崩壊にもつながりかねません。いまこそ教師が「みんなと同じ」という発想を変えなくてはならない。みんな同じではないということを出発点にして，人と違ってもいいのだという教育をしていくことが，昔以上に必要になっていると思います。

諸富● 先生たちは，言葉では「人と違っていい」と言いますが，いざとなったとき，どこまで子どもの個性を尊重しようするのかは，なかなかむずかしい問題です。なんだかんだ言っても，みんな同じでないと大変だし……と考えずにはいられない現実もあるのだと思います。

上杉● たしかに教師には伝統的に，みんなと同じでないと気がすまないという発想があります。しかし，仮に校内にこのような空気があっても，授業のやり方一つで「それぞれに違う存在なのだ」ということを伝えることは十分可能だと思っています。

道徳教育では十数年前から体験重視の方向が示されています。そして，現行の学習指導要領では，「体験を生かす」授業の必要性が唱えられています。

問題は，学習方法としての「体験」をどうとらえるかによります。同じ体験をしても，子どもたちそれぞれの感性や経験によって感じ方は異なるのに，先生方には同じことをさせればみんな同じように感じるだろうという思い込みがあるように思います。これは明らかに事実に反しています。

諸富祥彦
明治大学助教授。"育てるカウンセリング"をベースとしてこころを育てる活動に取り組む。フットワークがよく，年間40〜50校の校内研修に招かれ，授業や行事を通して子どもの心を育てる活動の開発の支援をしている。旧来の価値注入型ではなく，子どもが主体的に感じたり考えたりする道徳授業の開発にも取り組んでいる。

私は，例えばカード式発想法（KJ法）を使います。体験をした後にめいめい感じたことをカードに書かせ，黒板に貼り出します。この段階で，子どもたちはすでにいろいろな感じ方があるのだということを実感します。そして，当然のことながら同じものや似ている内容がありますから，分類してみようという動きが出てきます。

この場合の鉄則は，一つ一つのカードをどのグループ（KJ法では「島」と呼ぶ）に入れるかは，書いた本人の納得づくでということです。自分の書い

たカードが全体のどこに位置づくか，子どもたちにとってはかなりハラハラしながら見つめる時間です。

でも，こうしてクラス全員の感想を知り，その中での自分の位置をしっかり確認することによって，一つ一つのカード，言いかえれば一人一人の子どもがキラキラ光るのです。私はこれを，体験の「振り返り」と「分かち合い」と呼んで，体験を生かす授業の原則だと考えています。

《自己肯定感と人間関係能力を育てる》

諸富● いまこころの教育が大切な理由が二つあると思います。

ひとつは，自己肯定感が低く自分を大切にできない子どもが増えていることです。

子どもたちのカウンセリングをしていると，「どうせ自分なんか……」といった投げやりな感じの子どもが多いことに気がつきます。その背景として，私は子どもたちが感じたり考えたりする「時間のスパン」が短くなってきていることがあげられると思います。人間は，長い時間のスパンのなかで自分のことを考えることによってこそ自己肯定感というものが生まれてくるのです。しかしいまの子どもたちは，"いま"という点でしか自分を考えられない。そのことが子どもの自己肯定感の低下の背景にはあるように思います。

もうひとつは，人間関係能力が低下していることです。人間関係能力の基本にあるのは持続力です。しかし，こころの時間のスパンが短く「こころの器」も小さいから，すぐにキレてしまう（本書には「こころのダム」を育てる実践が収められています）。人と折り合うことができない。自分から折れれることができない。謝ることができない。自己肯定感が低く傷つきやすいので，自分から折れていくことができないのです。そんな子どもが多いと感じます。

2 こころを育てる授業と実践のポイント

《利他的な夢にふれる》

諸富● こころを育てるベスト授業を行うためのポイントを探っていきたいと思います。

藤川● ポイントの一つめに,「利他的な夢にふれる」をあげたいと思います(詳しい実践は本書155ページ)。

　企業やアーティストのご協力を得て行う授業のねらいのひとつが,「子どもたちに,親や教師以外の大人の生き方にふれてもらう」ということです。

　子どもたちは,親や教師のほかにもいろいろな種類の大人がいて,いろいろな生き方をしているということをあまり知りません。そんな状態なのに「将来について考えなさい」とか,「勉強しなさい」とかと言われてしまいます。

　そこで私たちは,企業で働く人の仕事ぶりを紹介するビデオを作って見せたりします。これを通して子どもたちは,「大人の仕事には必ずだれかに喜んでもらうためにがんばるという側面がある」ことを理解していきます。【ビデオを使った授業「パスタ輸入の仕事」】

　子どもたちは「将来何をやりたいか」とよく問われますが,これは「何が好きか」という質問と同じです。子どもは好きなことをやるのが「夢」だととらえがちですが,人生はそれだけでは成り立ちにくいものです。例えば,好きなことをやっているはずの大学生が,何かあるとすぐくじけてしまうのをしばしば目のあたりにします。

　おそらくそれは,自分はそれが好きだという理由だけで夢を描いているからでしょう。だれかに喜ばれることで社会に貢献したいという,自分の「好き」を超えた発想をもたなくては,夢は続かないでしょう。

　こころを育てる授業の第二のポイントは,「正解のない問題を扱う」ということです。

　こころは,正しい答えだけを覚えていても育ちません。むしろ道徳の授業で扱うような悩ましい問題に諦めずに取り組むことが大切です。例えば,教室の座席を自由席にするか

どうかなど，議論しても全員一致の答えの出ない身近な問題などが適切です。

　私たちは，宇宙航空研究開発機構（JAXA）の協力を得て，月面都市を実験的に作るにはどうすればよいか，小学生たちが月面都市プランを議論しシミュレーションする授業を行いました。地球の環境問題を考えるうえでも役立ち，食糧問題やごみ問題，あるいは未来の社会を考えることにもつながる授業です。

　三つめのポイントは，「具体的なエピソードを扱う」ことです。例えば「約束は守りましょう」というような徳目やキャッチフレーズを言わせるのではなく，「約束を守ることができなくなったとき，どうすればいいのか」という具体的なエピソードで考えさせることのほうが有効です。

　四つめは，「認められたいという欲求に応える」ことです。授業で大切なのは，一人だけしか出していない意見をきちんと取り上げること，一人の声も生かして全体の地図を作っていくということです。予想もしない意見が出てきたとき，教師は面白がれるのか困った顔をするのかは大きな差です。いろいろな意見があるなかで自分の考え方も認められていいんだ，自分の意見は変かもしれないけど，みんなもそれを味わってくれるんだ，という思いがこころの育ちになります。

　そして五つめに「学校の外部の人に熱意で協力してもらうこと」です。学校外の方は学校の発想ではできないこと，あるいはその人でなければできないことについて，熱意で協力してくれることが多いというのが実感です。【自動車会社との連携授業】

【ビデオを使った授業「パスタ輸入の仕事」】

　食品会社でパスタ輸入担当者の仕事をビデオにまとめてクイズ形式で紹介。ビデオを見たあと，子どもたちがその会社の人に手紙を書いて返事をもらう。ビデオによって一会社員の仕事ぶりだけでなく，輸入の仕組みや交渉の仕方，輸入先の国の国民性，文化の違いのようなものがわかる。最終的には仕事をしている人のことが詳しくわかり，その人に共感することができるものである。

　この授業は，会社の人がいろいろなことを考えて仕事をしていること，食品やパスタが好きだからという理由だけではなく，買う人に喜んでもらいたいためにいろいろな苦労や工夫をしていること，このように大人の仕事には，必ずだれかに喜んでもらうためにがんばるという側面があることを理解する効果がある。

【自動車会社との連携授業】

　自動車会社の協力を得て，未来の自動車を開発している社員の仕事ぶりを紹介してもらいながら，自動車のさまざまな問題や大気汚染・地球温暖化などの環境問題を知る。子どもたちに「自分ならどんなところを改善した未来型自動車を開発しますか」という問いかけをした。改善点をさまざまなパーツから選択し，グループごとに議論して，自動車会社に提案してコメントをもらった。〔以上，藤川〕

《自分の未来をプランニングする》

上杉● こころを育てる授業のポイントの一つは,「意」を育てることにあると前に述べました。そのために有効な方法の一つは,「問題解決学習」にあると考えています。

さきほど諸富先生から, 子どもたちはたいへん短いスパンでこころを揺らしているというお話がありました。むろん, 教師にはそれに対する適切な対応が望まれるのですが, もっと大局的に見て「確かな自分」を形成する教育的働きかけが必要だと思います。

その意味で, 私はアメリカ・ミネソタ州にあるミネソタ・ニューカントリースクール（MNCS）のプロジェクト・ベース学習が, 究極の学習方法だと考えています。詳しくは近々翻訳書を出版しますので, ここでは骨子だけ紹介することにします。

---

1. 自分が最も興味や関心があることに長時間（1プロジェクトに約100時間）かけて取り組む。
2. プロジェクトを始めるにあたって, 企画書を書く。この企画書は,「テーマの個人的・社会的価値」「ゴールのイメージ」「プロセスのイメージ」「プロジェクトによってマスターできる教科内容」などの記入を求める。
3. 企画の立案から終了まで, 教師はアドバイザーとして適切な助言をする。
4. アドバイザー以外の大人も加わって評価チームを組み, プロジェクトの出来映え, クリアした履修基準などについて慎重に審査する。
5. 企画書立案及びプロジェクト終了の際には, アドバイザーはもちろん学習者の保護者も同意のサインをする。

【ミネソタ・ニューカントリースクール】

1994年にミネソタ州・ルセール（現在はヘンダーソンにある）に設立された中・高一貫のチャータースクール。プロジェクト・ベース学習の一環としての活動の最中に, 足が変形したカエルを発見したグループがあり, 州議会で証言を求められた。これを契機に一躍プロジェクト・ベース学習が注目されるようになり, ゲイツ財団からの寄付を受けて, 同様な方式による学校で全米ですでに15校設立されている。

生徒たちは, 数学以外の時間は個人やグループによるプロジェクト・ベース学習に取り組んでおり, 年間10個のテーマに取り組むことが義務づけられている。また, 教師はアドバイザーとして, プロジェクト・ベース学習の結果が州の履修基準をクリアするように働きかけている。2004年にプレゼンテーションのために来日した3名の生徒は, 一様に「このプロジェクト・ベース学習を通して自信がついた」と語った。　　　　　〔上杉〕

> 6. MNCSの場合は，年間10個のプロジェクトに取り組むことを義務づけており，生徒はさまざまなテーマに取り組むことによって，自分の個性や適性，将来の進路などを学習を通して発見する。

ここで注目すべき点は，いくつもあります。

第一は，自分の企画がアドバイザーに支えられながらも次第に具体化し，終了後は一定の評価を受けるという点です。これは問題解決のシミュレーションであり，自分の可能性を広げる絶好の機会になっています。

第二に，企画立案の段階で，取り組むテーマが自分や社会に対してどう貢献するかが問われます。自分の学びをリアルな社会との関連で意味づけることにより，自分の適性を知り，社会を知ることを通して，キャリア・ガイダンスの機能が自然に発揮されます。

第三は，「やればできるという自信の育成」です。はじめにふれたように，意志の形成に重点を置き，さまざまな活動の結果として確かな意思形成を図ることを，こころの教育の中核にすえるべきであると考えています。

諸富● お２人のお話にはいくつか共通点があるように思います。

一つめは「世のため・人のため」という考え方です。私は，自分を超えた何かのために，という視点に共感しました。

二つめは，「リアルな社会につながる」という考え方。

三つめは「簡単に答えの出ない問題に本気で取り組ませる」という考え方です。子どもたちが本当に必要だと思えることに身体ごとぶつかっていく体験を通してこころが育っていく。そのモデルケースを提示していただいたと思います。

《こころを育てる授業のポイント》

諸富● 私の考える「こころを育てる授業」のポイントをあげます。

まず「ねらいが明確であること」です。

ねらいが達成できたかどうかがわからない授業が多いのが現状ですが，指導案に抽象的なことしか書けない教師は，授業で具体的に何をしたいのかがわかっていません。これがわからなければ当然いい授業はできません。これと関連して，短い説明・はっきりとした発声でのわかりやすいインストラクションも大切です。

二つめは，「インパクトや意外性のある事実を提示すること」です。

子どもたちを授業にひきずり込んでいくには，意外性のある事実をいかに提示できるかがポイントです。知るべき事実を知ることで驚きや怒りがあり，行動にかきたてられる。インパクトと意外性のある事実というのは世のため・人のためにつながるのです。

　こうした資料を探すときには，教師自身がまず授業のねらいや価値のことなどは忘れて，素直な心で感動したり驚いたりできるものに心のアンテナを張っておくことが必要です。

　三つめは「心を込めてデモンストレーションをする」ということです。これによって子どもたちのノリはずいぶん違ってきます。

　四つめは「ワークシートに工夫を凝らす」ということです。

　ワークシートには，指導案の中心発問の骨子の出来不出来が如実に現れます。設問が思考や自己表現を刺激するようなものになっているか，無理のない思考の流れになっているかがポイントになります。

　五つめは「教室のなかに自分の意見を安心して言える雰囲気があること」です。

　分かち合いやシェアリングの雰囲気です。クラスの中に多様性を認め合える感覚，「個が生きるつながり」の感覚が育っているかどうかに着目してもらいたいと思います。

《こころを育てる学校づくり》

諸富●　次に授業に限定せず，広く「学校づくり」のことについて話を移したいと思います。

　まず，「個々の教師が自分の考えを安心して言える雰囲気があること」が何よりも重要なポイントです。教師同士がお互いの多様性を認め合い，個を生かす感覚があるかどうかです。たとえいまは教師同士の関係があまりよくなくても，全員で本気で何かひとつの具体的な活動に取り組むことによって，本音で語り合える関係が培われるのではないかと思います。

　このことが私の提唱している「弱音を吐ける人間関係」「弱音を吐ける職員室」づくりにつながっていくのだと思います。

上杉●　サポーティブな人間関係を築くには，やはり相互の「尊敬」（respect）が必要だろうと思います。私が行ったアメリカの学校視察は，この5月の分までいれると通算7回目になります。そこでしばしば聞かされるのが，この「尊敬」（respect）というキーワードです。むろん，これは生徒同士，教師同士，そして生徒と教師間に共通する関係性の問題です。

　ただし，尊敬することと相手をそっとしておくこととは違います。例えば，校内の授業

研究会のやり方です。多くの場合，指導担当教員の釈明で始まり，他の教員はあまり率直な意見を言わない。気まずい雰囲気になってしまいますからね。しかし本来は，教室で何が起こっていたのか，もっと子どもの事実で率直に語り合うことが必要です。

そうした生産的な議論ができるようになるためにも，相互に尊敬し合う関係をさまざまな機会を通して校内に築く必要があります。先生方のそうした関係に，子どもたちは思った以上に敏感です。

また，教師には忙しくないといけないという意識がどこかありますが，教師自身のゆとりということも大切だと思います。神奈川県茅ヶ崎市の浜須加小学校はその点，地域の人の力を借りて，仕事の量をうまく整理してやっています。また，富山市の堀川小学校では，いちいち教師が出しゃばってコントロールしなくても，子どもたちが自主的な議論を実践しています。このような環境が子どもたちの「意」をしっかりと形成させることにつながり，高い追求力を育んでいきます。

藤川● 私は，教師集団に，ぜひ子ども集団のお手本になってほしいと思います。実際，子どもたちは先生の様子をよく見ています。教師集団のあり方は教育的に伝わるのです。

それには異質な者同士のコミュニケーションはたいへん重要で，少数意見が認められる雰囲気が教師の間にあるかどうかがポイントです。面白いことをやっている学校では，変わり者の教師もきちんと認められ，個性や違いが生かされています。このような雰囲気がなければ，いままで例示したような授業の取り組みはむずかしいと思います。【宇治市立宇治小倉小学校の例】

【宇治市立宇治小倉小学校の例】

藤川は教師たちに「突飛なことでもいいから好きなこと，得意なことをどんどんやってください」と言った。土地柄か，お茶やお茶菓子が好きな教師たちが，総合の時間に，宇治茶をテーマにして，お茶の先生やお茶菓子の老舗の方を呼び，子どもと一緒に楽しんだりして，ぬくもりのある実践がなされた。

ところで，この学校には風変わりな取り組みをする教師がいた。校長や教頭が「やりたいことはどんどんやり，そうした取り組みを全校に生かしてほしい」と言い続けていたこともあり，この教師は自分が取り組んでいることを毎日日記風にして全教師に配り，そこからまた教師同士の話題の共有が生まれた。

教師のチームワークは非常に大切で，個性を殺さず，基本的なことを認め合っていればこそ，シビアな議論もきちんとできる。〔藤川〕

【加賀市立山城小学校】

加賀市は昔ながらの温泉街で，旅館業に関わる家庭も多く，親御さんたちは忙しい。教師たちは，その分一致団結してあたたかい学校づくりをしている。寒い土地柄で外遊びも大変なので，子どもたちが出店を作り，上級生が下級生の面倒を見る。いい学校とは，安心して自分を発揮できる温泉のようなところである。本書最終節で紹介した。〔諸富〕

諸富● よく一枚岩という表現を使いますが，個性を殺す一枚岩ではなくて十人十色でいいと思います。あたたかい関係づくりの実践例として，本書では，石川県の山城小学校の例をあげさせていただきました。同じ石川県の松波小学校でも「給食ローテーション」といって，校長を含め教師が学級を移動して給食をとる活動に取り組んでいます。これは小学校で根強い「担任絶対主義」の打破につながるものとして，私は評価しています。【加賀市立山城小学校】

《学校オリジナルのカリキュラム》

上杉● 私は総合的な学習に期待しています。内容が特定されていないだけに，カリキュラム開発をどうやっていくかに関心があるのです。

　いい授業とは，どれだけ教師たちの思いや意図があるのかによります。指導要領や教科書に書かれていることを伝えるだけではなく，どれだけ目の前の子どもたちに応じて自分たちの学校のオリジナルのカリキュラムが開発できるかが，ますます問われていきます。

　私が注目しているある学校では，総合的な学習に学級単位で取り組んでいます。すると，子どもたちは自分たちの学級に愛着を感じて取り組みに誇りがもてる。それぞれの学級が自立していて，支える教師が子どもたちにしっかり向き合っています。

　ここで重要なのは「教師の自立」ということです。学級には独自のヒストリーがあり，子どもたちはここに愛着を感じる。その意味で，教師たちが安易な共同戦線を張るのではなく，それぞれのオリジナリティを発揮しながら，より高いレベルで集団を組んでいけた

【キュードスピーチの授業】

　総合的な学習の発表会で，子どもたちは「手話や点字はむずかしかったけど，障害者の方のために役立つ勉強で楽しかった」という感想をもった。上杉はその発表会に道徳の授業を行い，キュードスピーチ(聾学校などで導入されている手話の一種。発音できない音を補うハンドサイン)によるメッセージをビデオに収めて，子どもたちに見せた。

　すると子どもたちはシーンと黙り込んだ。「自分たちの取り組みは楽しかったということだけでよかったのか」「自分たちは手話を勉強したのに，彼らが一生懸命に伝えようとしているメッセージがぜんぜんわからない。わからないことが悔しい」と。そこで子どもたちは，ビデオをくれた彼らに手紙を書こう，会いに行こう，キュードスピーチを勉強しよう，ということになった。

　この授業のねらいは「子どもたちが手話や点字を習うとは，健常者が新たな自己表現法を獲得することではない。手話や点字を習うことによって，障害をもつ方のコミュニケーションの世界を広げることにつながるという社会的意味があることに気づかせる」ことがねらいである。

　追究の過程における重要な事柄には，道徳的な要素がインストールされている。〔上杉〕

らいいと思います。

　もうひとつは，総合的な学習と道徳を無理に引き離して考える必要はないということです。子どもたちの問題追究の過程における重要な事柄には，道徳的な要素がインストールされているからです。このことに教師が気づくことができるかどうか，それを子どもたちに気づかせることができるかどうかがポイントです。このことを示す具体例として手話を学んだ総合的な学習の例をあげたいと思います。【キュードスピーチの授業】

藤川●　私は，こころが育つということは，将来，他者とコラボレーションして，自分のやりたいことを実現できる人間になれるかどうかだと思います。

　私が外部の方と連携して実践するなかで感じるのは，恩の貸し借りという要素が非常に多いということです。学校という立場では，一方的に恩を受けることが多いが，果たしてそれだけでいいのか，学校として外部の人に恩を返すことはできないのか，という議論にしばしばなります。一人一人の子ども力は小さくても，何十人何百人という単位の結集力はとても大きい。だから建前の地域貢献・社会貢献ということではない，実のある貢献ができるはずです。これをうまく実践しているのが，さきほども出た宇治市立宇治小倉小学校です。【宇治小倉小学校の宇治ＡＢＣ計画】

諸富●　まったくそのとおりです。地域にしてもらったことを返していくことによって，子どもの心は成長していきます。「感謝の気持ち」はこころが育っていくための柱となります。

藤川●　恩の売り買いではなく「恩の贈与」という関係によって，社会は成り立っているという気づきが大切です。この発想で実践することが，こころの教育のひとつのあるべき姿だと思います。おそらくすべてをすぐに返すことはできないと思いますが，自分が大人になってから返すという考え方でもいいと思います。

諸富●　最後に私が言いたいのは，こころを育てる学校づくりをしていくうえでもっとも

【宇治小倉小学校の宇治ＡＢＣ計画】

　宇治小倉小学校では，宇治田楽という伝統芸能を自分たちなりのオリジナルなバージョンに仕立てて，地域の人に見せて楽しんでもらうという活動をした。これは小倉の町をアート（Ａ）とバリアフリー（Ｂ）のコミュニティー（Ｃ）にしようという「宇治ＡＢＣ計画」の一環として行われている。自分たちの住む地域のなかで，自分たちにできることで街を変えることができるのではないかという実践だ。どうしても教育のためにいろいろな方にいろいろなことをやってもらうのは当たり前だと考えがちだが，自己中心的な発想は子どもたちにとってはよくないのである。

〔藤川〕

大切にしたいのは，やはり教師同士の人間関係だということです。何でも語り合えるあたたかい人間関係が教師の間にあってこそ，子どもたちもいい関係を築くことができ，心も育っていくのです。このことをいまあらたに強く感じています。

(2004年1月29日千葉大学にて。構成：関口和美)

自分を深める・他者とかかわる

実感と感動の「生命」の授業

小学校4年生　学活・道徳　5時間

野本真理

諸富祥彦が語る
この実践 ここがポイント！

■ビビッドな実感で子どもは育つ■

　生命の大切さを知識としてでなく，実感を伴う体験を通じて，いかに子どもたちに感じ取ってもらうか。この授業は，この点を最重視して構成されたプログラムです。「感じて深める」という言葉どおり，生命に関する授業でいちばん大切な"ビビッドな実感"を得るためのノウハウが詰まっています。野本先生の実践を見ていると，道徳の授業は観念的なものという考え方ががらりと変わります。

■見る・聴く・体験するの三拍子■

　野本先生は，子どもたちの集中力がとぎれないよう，見る・聴く・体験するプログラムを非常にうまく組み合わせています。まず子どもたちに生命を実感してもらう授業を展開しますが，ここでは，聴診器を使って自分やともだちの生命の音——「心音」——を聞いたり，動物の心音を収めたCDを皆で聴くという直接体験をさせます。次にゲストとして招いた助産師さんに赤ちゃん誕生にまつわるお話をうかがい，おなかのなかにいる胎児の様子を撮ったVTRを視聴します。これを踏まえて今度は子宮と産道の模型を使って生まれる瞬間の疑似体験をするなど，気づきのきっかけが盛りだくさんです。実践を通して，子どもたちは自分がかけがえのない存在として誕生を家族からあたたかく迎えられたことを知ります。

　また，闘病の末，亡くなった宮越由貴菜さんの詩や闘病生活を撮影したVTRを資料として活用していますが，実践で使われた資料は，いずれも野本先生自身が心から感動したものであるという共通点があります。教師自身が素直に感動する感性を大切にし，子どもたちと真剣に向き合い語り合うことで，子どもの心はゆさぶられます。かけがえのない自分，生命の大切さを深くとらえることができる優れた実践と言えるでしょう。

単元全体の計画

4年生 ／ 学活・道徳 ／ 5時間

感じて深める生命の授業

野本真理
高知県伊野町立伊野南小学校

❶ 単元（ユニット）設定の理由

子どもたちは，生命は大切だということは知識としてわかっています。そのうえに，自分だったらどうするか，子どもたち自身に自分のこととして考えさせる授業が，いま，必要だと思います。そこで，まず，体験活動を通して，生きていることを実感させたいと考えました。そして，誕生のすばらしさやたくさんの人のおかげで自分はいままで生きてきているということに気づかせ，限りある生命をこれからどう生きていくかを考えさせることが大切だと思い，本単元を設定しました。

ここで用いた資料は，私自身が感動し，子どもたちと真剣に向き合い，共に考えたいと思ったものばかりです。子どもと子ども，子どもと教師，子どもと保護者，子どもとゲストティーチャーなど，多くの仲間たちと生命について一緒に考え，話し合っていく中で，生命を大切にしながら生きていこうとする態度を養うことができると思います。

本実践は千葉大学における長期研修中に，銚子市立清水小学校で行いました。

❷ 単元（ユニット）の目標

- 生命の大切さや自分の生き方について考えを深め，実践への意欲をはぐくむ。

❸ こころを育てる仕掛け

- 直接体験（心音を聞く・妊婦さんのお腹に触る），間接体験（VTR視聴・ゲストティーチャーの話を聞く），疑似体験（生まれる体験）を授業に取り入れ，生きていること，自他の生命の尊さ，生きる喜びを実感として受けとめさせる。
- 子どもの意識がとぎれないように，体験活動と道徳の授業を効果的に結びつけたプログラムを作る。

❹ 指導上の工夫

- ゲストティーチャー（助産師さん・妊婦さん），保護者の手紙，VTR（実話），小さいころの写真などを効果的に活用し，子どもの心をゆさぶり，感動を共有できるようにする。

❺ 単元（ユニット）の指導計画　全5時間

1次	生命を実感	いのちの音をきいてみよう	1時間（学級活動）
		わたしたちはすごい力で生まれてきた	1時間（学級活動）
		生んでくれてありがとう	1時間（道徳）
2次	かけがえのない生命の大切さに気づく	せいいっぱい生きる	1時間（道徳）
3次	自分の生き方を考える	かがやく自分になろう	1時間（道徳）

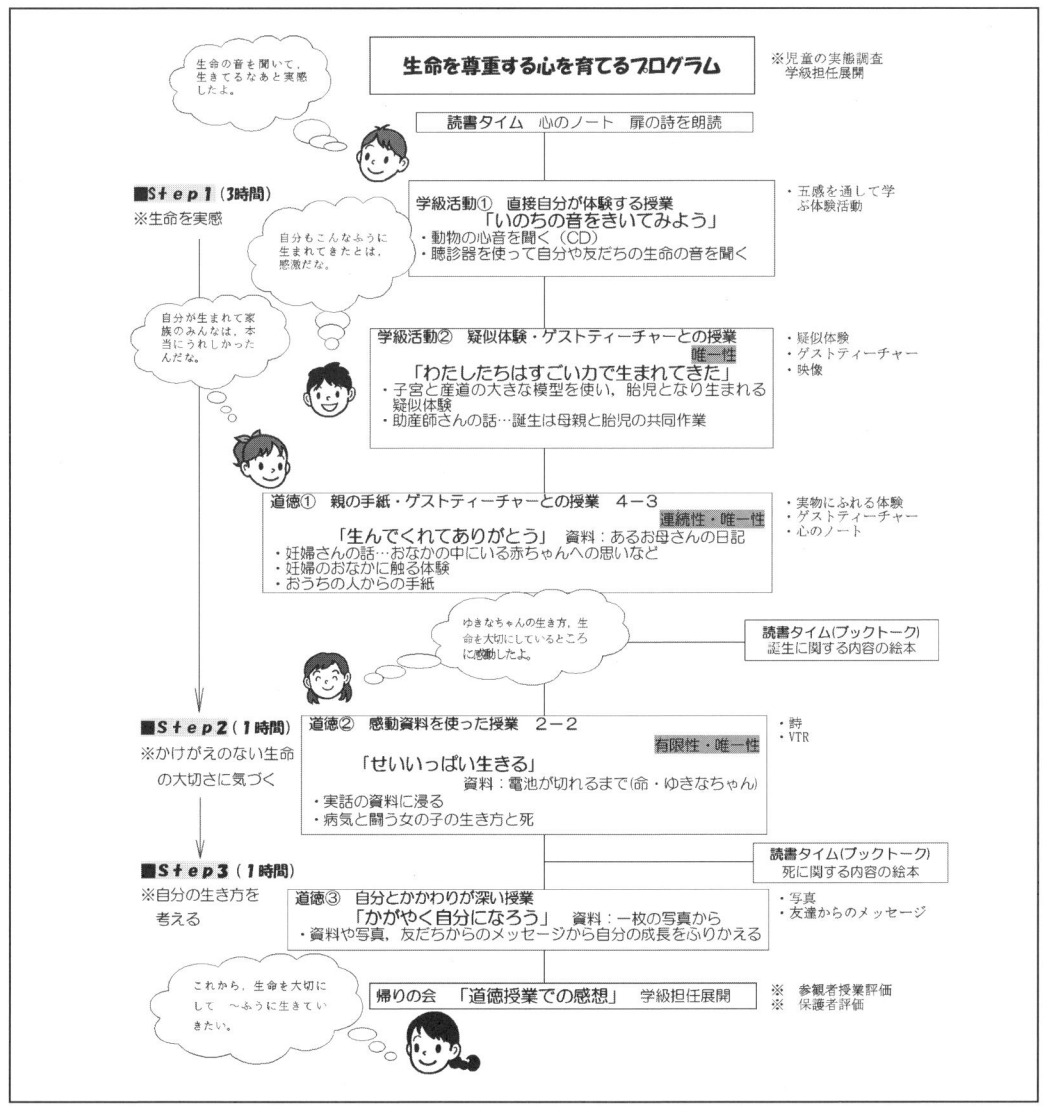

指導案① 2時間目 1次

わたしたちはすごい力で生まれてきた

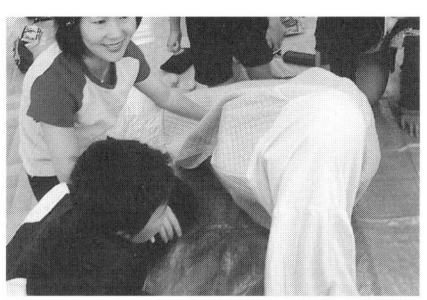

●教師の思いと授業のねらい，そのねらいを設定した理由

　お母さんだけでなく，自分たちもがんばって生まれてきたことを実感することで，生命を大切にする気持ちをもたせることができると考え，設定しました。助産師さんから「赤ちゃんは，お腹の中で羊水を飲んで呼吸の練習をする。産道に入りやすくするため骨を重ね合わせて頭を小さくして，7cmの産道を2時間かけて通りぬける」という話を聞いて，私自身が驚きました。このすごい力を子どもたちに伝え，お母さんと共に自分たちもがんばって生まれてきたということを実感させたいと思いました。

●資料（教具・教材を含む）
- ＶＴＲ『赤ちゃんこのすばらしき生命』（ＮＨＫスペシャル）
- 妊婦さん，胎児の絵
- 子宮と産道の模型（キルティングと赤ちゃんの肌着用の布を使う）

●授業の工夫
- ゲストティーチャーの助産師さんの話を直接聞く。
- ＶＴＲを視聴（超音波を使った胎児の映像，産道を通りぬける様子がわかる映像）。
- イメージしやすいように，子宮と産道の模型を使って産まれる疑似体験する。

●授業の評価の観点
- 自分たちもがんばって生まれてきたことを，実感することができたか。

●授業の様子や子どもたちの声

　私が思っていた以上に，子どもたちは喜んで産まれる体験をしていました。また，助産師さんの話を真剣に聞き，授業が終わった後もたくさんの質問をする姿がみられました。家に帰っておうちの人に「なかなか産まれてこられない赤ちゃんはどうなるのか」「途中でなくなってしまう赤ちゃんがいるのか」と聞いた子どももいたようです。この時間を通して，『生まれる』というかけがえのない大切なことを考えることができたと思います。

●引用・参考文献
- 『性と生の教育』No.9　1997　あゆみ出版
- 「あなたはすごい力で生まれてきた」『中学道徳　明日をひらく③』2002　東京書籍

	学習活動と子どもの様子	ポイントと留意点
導入	①前の時間のことを振り返り，学習課題をつかむ。 わたしたちの生命は，どこからどのようにして生まれてきたのだろう	
展開	②おなかの中にいる赤ちゃんについて，助産師さんの話を聞いたり，質問したりする。 ・助産師さんの話 　「約280日お腹の中にいます。おなかの中の，羊水というあたたかいお水の中に，ぷかぷかと浮いています。その中で赤ちゃんは指をしゃぶったり，舌を動かしておっぱいを飲んだりする練習や呼吸の練習をします。外の音も聞いています。産まれるときには，赤ちゃんのほうが産まれるサインを出します。そのサインをうけてお母さんもがんばります。産まれるときは，赤ちゃんもがんばって，お母さんもがんばって，周りの人たちも一生懸命応援してくれたという経過があって産まれます」 ③ＶＴＲを視聴する。 ・おなかの中でも，口を動かしてるね。呼吸の練習をしているなんてびっくりした。 ・体をまわしながら出てくるなんて，すごいな。 ④産道を通って産まれてくることを疑似体験する。 　「いま，あなたはお母さんの子宮の中にいます。周りは水がいっぱいです。お母さんとはおへそでつながっています。どんな気持ちですか」 ・中はあたたかくて，気持ちいいなあ。 ・そろそろ外に出るぞ。お母さんにサインを送ろう。 ・うわあ。せまいな。よいしょ。よいしょ。オギャー。 (周りの子ども) ・がんばれ。がんばれ。	・イメージがわきやすいように，おなかの大きい妊婦さんの絵を提示する。 ・助産師さんに赤ちゃんが産まれるまでの様子を説明してもらうことで，自分たちもがんばって産まれてきたことに気づかせる。 ・抵抗なく見ることができるように，コンピュータグラフィックス，超音波の映像を使用する。 ・まず，教師が見本を見せる。 ・希望者全員が体験できるよう3つのグループに分けて行う。 ・ＶＴＲで見た胎児を思い出させ，子宮の中では体を丸くするように助言する。
まとめ	⑤感想を書き，話し合う。 ・赤ちゃんが産まれてくるときの産道は，せまいなと思った。ぼくも，昔，こんなふうに産まれてきたかと思うと感激してしまう。 ・楽しかったし，こうやって産まれてきて，人間どんな人でも，がんばって産まれてくるんだなあと思った。せっかくある生命なんだから，大切にしようと思った。 ・ぼくは簡単に出てこれたけど，産道の所で時間がかかる友だちもいた。本当に赤ちゃんが産まれてくるときは，もっと大変なんだろうなあと思った。そして，お母さんだけじゃなくて，赤ちゃんもがんばって産まれてくるんだなあと思った。	・自分たちもすごい力で生まれてきたことを知り，自分たちが生命をもったかけがえのない存在であることに気づかせる。

指導案②　1時間目　2次

せいいっぱい生きる

●**教師の思いと授業のねらい，そのねらいを設定した理由**

　かけがえのない生命の大切さに気づき，一生懸命生きていこうとする気持ちを高めることをねらいとしました。

　病気と闘いながら，まっすぐ自分の生命と向き合っている宮越由貴奈さんの姿や詩を読んで，私自身が感動しました。このVTRを見て，宮越由貴奈さんは，病気でかわいそうだなと考えるだけに終わるのではなく，子どもたちが普段意識していないかもしれない「生きる」ということに気づき，真剣に考えてくれたらと思いました。

●**資料（教具・教材を含む）**
- ＶＴＲ『院内病院からのメッセージ』（日本テレビ　ズームインSUPERより）
- 詩「命」「ゆきなちゃん」（すずらんの会編『電池が切れるまで』角川書店）
- 宮越由貴奈さんの写真（教材提示装置で映す）　・詩を書いた模造紙
- 詩を読むときのＢＧＭ　　　　　　　　　　　　・児童用ワークシート１枚

●**授業の工夫**
- 子どもの現実感を高め，共感や感動を深めるために，同年代の少女が，限りある生命を，一生懸命生きようとしている姿を映した感動的な実話の映像資料を提示する。
- 事前に，子どもが生命に対して，どのように考えているか記述式のアンケートをとる。実態を把握し，アンケートの内容を導入で活用したり，評価に役立てたりする。
- 資料を読むときには，ＢＧＭをかけて雰囲気を盛り上げる。

●**授業の評価の観点**
- 入院中，詩を書いたときの宮越由貴奈さんの気持ちを考えることができたか。
- かけがえのない生命の大切さについて，自分なりの考えをもち，すすんで発表したり書いたりすることができたか。

●**授業の様子や子どもたちの声**

　短い生涯の半分以上を重い病魔とたたかいながら，周りに励ましを与える宮越由貴奈さんの生き方や詩に子どもたちも心をうたれ，あらためて自分の生命の大切さに気づいたようです。全プログラムの終了後，いちばん心に残った授業を聞くと，「由貴奈ちゃんの授業」と答える児童がもっとも多くいました。宮越由貴奈さんは，子どもたちと同世代ということもあり，より心に感じるものがあったのではないかと思います。

	学習活動と子どもの様子	ポイントと留意点
導入	①生命が大切にされていないと思うことを発表する。 ・自殺をするというニュースをよく見る。生きていれば，楽しいことやうれしいことがいっぱいあるのに，どうしてだろう。 ・何かあったら，すぐ人に「死んだらいい」という人。人の生命も大切にしないことはいけないと思う。	・事前のアンケートを活用して意図的に指名をする。
展開	②宮越由貴奈さんの写真を見て話し合う。 ・病気みたい。 ・髪の毛がないみたいだな。 ③ＶＴＲを視聴し，心に残ったことをワークシートに書き，話し合う。 　「ビデオを見て，心に残ったことを発表しましょう」 ・ふつうの生活ができず，髪も抜けてかわいそうだった。早く病気を治して，学校へ行って友だちをたくさん増やしたいと思っていたと思う。 ・病院の中の小さい子をお姉さんのようにかわいがっていたところがやさしいと思った。自分もつらいのに，友だちを励ましているところもすごい。 ・人々を励ましているところが心に残った。由貴奈さんの励ましを死んだおばあちゃんにも聞かせてあげたかったと思った。 ・生命の大切さを詩で表現していたところ。一生懸命生きたいと書いていたけど，そのとおりに生きたんだと思った。 ④「『命』という詩を書いたとき，由貴奈さんはどんな気持ちだったのだろう」 ・自ら生命を落とすのは，信じられない。わたしも自殺をする人は，親からもらった生命を大事にしてないと思う。 ・みんなに生命を大切にしてもらいたい。 ・みんなというのは，友だち，家族，そしていま，戦争をする人とか自殺をする人がいるけど，そういう人たちみんなのことだと思う。生命をあまくみるな，死ぬなと言っていると思う。 ⑤友だちの考えを聞いて思ったことや生命について，いま考えていることを発表する。 ・詩を聞いて感動した。ぼくは，人がつらいときなぐさめられない。由貴奈さんを目標にして生きていきたい。 ・由貴奈さんは自分の生命を大切にして，友だちには，友だちの心を大切にしていた。わたしも，そんな女の子になりたいと思った。 ・『命』という詩を聞いて生命ってこんなに大事なんだと思った。この子のためにも，せいいっぱい生きようと思った。	・生命とまっすぐ向き合い，一生懸命に生きた女の子がいることを紹介する。 ・児童が発表した心に残ったことを板書で整理し，話し合いを深める。 ・「ゆきなちゃん」という詩を紹介する。 ・詩を書く前に，自殺やいじめのニュースが毎日のように流れていたことを押さえる。 ・友だちの考えを聞き終わった後にも，書く時間を保障する。
まとめ	⑥　宮越由貴奈さんが書いた詩『命』を読む。	・黙読し，深く心にしみるようにする。

指導案③ 1時間目 3次

かがやく自分になろう

●**教師の思いと授業のねらい，そのねらいを設定した理由**

　資料や自分の写真，友だちからのメッセージから，自分がいろいろな面で成長していることを自覚し，夢や希望をもってせいいっぱい生きようとする心情を育てることをねらいとしました。

　「生命を大切にする」ということには，一日一日を大切に生きていくことや，夢や希望をもってせいいっぱい生きていくということが含まれていると思います。そこで，この時間は，以前の自分と現在の自分を比較することを通して，自分の成長をあらためて自覚し，これからどう生きていこうと思うかを考えさせたいと思います。

●**資料（教具・教材を含む）**
- 一枚の写真から（上杉賢士『生命の畏敬の念を育てる道徳資料』千葉市教育センター）
- 小学校に入る前の写真と今の写真
- 教材提示装置
- 児童用ワークシート2枚……32ページ

●**授業の工夫**
- 写真を使うことで和やかな雰囲気で話し合いができる。
- 発表しやすい雰囲気をつくるため，はじめに担任教師が小学校のころの写真を提示し，発表の仕方をモデリングする。
- 友だちの成長したところをワークシートに書くときには，何を書いたかが見えないように下から記入させ，裏面に折って次の子どもに回すようにする。

●**授業の評価の観点**
- いろいろな面で成長していることに気づき，これからの生き方を考えることができたか。
- 友だちの成長しているところを見つけ，ワークシートに記入することができたか。

●**授業の様子や子どもたちの声**

「自分はがんばって生きていない」と思っていた子どもたちも，自分もそれなりにいろいろと成長したんだと感じることができたようです。友だちから成長したことを書いてもらったことで，友だちに認めてもらえる喜びも感じていたようでした。担任からは，「これまで，『成長』をあまり意識したことがない子どもたちが，授業後は意識して，なりたい自分になろうと努力している姿が見られるようになった」ということを聞きました。

	学習活動と子どもの様子	ポイントと留意点
導入	①小さいころと比べて，できるようになったことを発表する。 ・鉄棒で逆上がりができるようになった。 ・小さいころは，計算ができなかったけど，4年生になってわり算ができるようになった。 「いろいろなことができるようになったんだね。今日は，目には見えない心の成長について考えてみよう」	・いろいろなことができるようになったことを確認し，課題をつかませる。
展開	②資料「一枚の写真から」の前半部分を読み，話し合う。 「自分の小さいころの写真を出してみましょう。そのころのみんなはどんなことを考えていたのでしょう」 ・うわあ。先生。かわいい（拍手がおこる。身をのりだして，うれしそうに担任の小さいころの話を聞く）。 ・小さいころは，昔話がすきでよくビデオを見ていた。今日は，何のビデオを見ようかなあと考えていた。 ・これは，5歳のときの写真。病気で9月いっぱい入院をしていました。早く家に帰りたい，みんなに会いたい，みんなどうしているかなあと思っていた。 ③資料の後半部分を読み，話し合う。 「小さいころといまと比べて，違うところはないですか？」 ・大きくなった。 ・小さいころは自分のことだけ考えているけど，世界のこととかも考えられるようになった。 ・友だちや周りの人のことも。 「今度は，いまの自分の写真を出して，いまの自分はどんなことを考えるようになったか，発表しましょう」 ・これは，先生の誕生日のときの写真。先生の大切な人が亡くなったので，一生懸命ダンスをやって先生に，少しでも元気になってもらいたいと思っていた。「すてきだ」と言われてすごくうれしかった。 ④グループになり，友だちのワークシートを読み，友だちの成長している面を見つけ，友だちのワークシートに書き加える。	・ワークシートに記入させた後，みんなに写真が見えるよう教材提示装置で映しながら発表させる。 ・担任が発表の仕方のモデリングをする。 ・小さいころは自分にかかわることしか考えていないことに気づかせる。 ・資料の中の言葉から，いろいろな面で成長していることに気づかせる。 ・小さいころと同じようにはじめに担任教師のすばらしい点を，発表しモデルを示す。 ・ワークシートの記入の仕方について，細かく指示を出す。
まとめ	⑤友だちが書き加えてくれた文を読み，感じたことを発表する。 ・みんながぼくのよいところをいっぱい書いてくれたので，それを生かしてもっともっとよいところを増やしていきたいと思った。 ⑥これから，大切な生命をどう輝かせていきたいか，ワークシートに書く。 ・もっともっと，世界のこととか，友だちのこととか，周りの人のことを前よりも，よく考えられるようになりたい。命について勉強してきて，命の大切さがよくわかった。だからこれからは命を大切にして，周りの人のことも考えられるような人になって，生きていきたい。	・どんな小さな気づきでも，感じたことをどんどん言えるような雰囲気づくりに心がける。

単元指導の実際

❶ 実践の記録と成果
保護者の感想から

　今回，このプログラムを実施して何よりもうれしかったことは，全員の子どもが家に帰り保護者に授業のことについて話をしていることです。また，保護者から「このような授業を続けてほしい」「生命の大切さを考えるよい機会になった」などと，高い評価をいただくことができました。

授業後のアンケート調査（記述式）から　　　　　　　　　　　　　　　　　※一部省略
〇今回の生命の授業は，親子で考えることができ，子どものことをあらためて大事に，いままで以上に考えることができました。小さかったときのことなどをふりかえることができたので，子どもにも親にもとてもいい勉強になったと思います。
〇「かがやく自分」に書かれたわが子の作文を読んで，命の大切さを学び取ることができた様子でなによりと思いました。今後は，命を大切にすることを話し合ったり，本選びのテーマにしていきたいと思っています。

子どもの感想から

『生命の授業』のことを学校の文集に書いた子どももいました。

ぼくはすごい力でうまれてきた（一部抜粋）
　いままで，「命」について，あまり考えたことはなかったけど，家の人の手紙を読んだり，友達と話し合ったりして，ぼくも電池が切れるまで，せいいっぱい生きたいと思うようになりました。あっという間に5時間が終わってしまいました。もっと勉強したかったです。

　この子どもは，2時間目の授業の後，自分が生まれたときのことについて関心をもち始め，家で授業のことについてたくさん話をしていたようです。担任の話によると授業中はいつも以上に発表したり，感想用紙にもたくさん考えを記入したりする姿がみられたということでした。「一生懸命がんばること」が「生きる」ことだと感じているようで，不得

意なことにもせいいっぱい取り組んでいるそうです。生命について家庭でもじっくり話し合うことで，一生懸命生きていこうとする気持ちを高めることができたと考えます。

単元づくりを振り返る

　今回，子どもたちの感性をゆさぶる体験活動や資料を効果的に活用することによって，生命の大切さを実感できればと考えました。直接体験での，初めて心音を聞いたときの驚きの表情，妊婦さんのおなかの赤ちゃんに話しかけるときのやさしい表情からも，子どもの感動している様子が伝わってきました。産まれる疑似体験は，体験活動の前にＶＴＲを視聴したり，助産師さんに出産について科学的に真剣に話してもらったりしたこと（間接体験）で，子どもにとってはわかりにくい出産をイメージしやすくすることができ，有効だったと考えます。

　また，２時間目に用いた保護者からの手紙は，手紙を熱心に読む子ども，顔を赤らめながらも喜びいっぱいの表情をする子ども，感動を友だちに伝える途中に涙で言葉がつまってしまう子どもの姿がみられました。家庭環境についての配慮を要しますが，自分が愛され守り育てられていることを実感できる貴重な資料であると思います。

　『生命の授業』の実践を振り返り，授業中の様子やワークシート，担任や保護者の評価から，子どもたちは生命の大切さや生き方についての思いを，深めることができたのではないかと考えます。また，授業が子どもと保護者の心をつなげ，家族が生命について話し合う機会を生み出すきっかけを提供できてうれしく思いました。

❷課題

　保護者から，「私たちの世代にはなかった授業なので，こういう授業こそ授業参観できるようにしてほしい。子どもたちの生の反応が見たかった」という意見をいただきました。学級通信などで授業内容や子どもの様子・感想を知らせるとともに，授業を参観してもらう機会を設ける必要があると思います。

　体験活動を授業の中に取り入れると，時間がオーバーすることがありました。弾力的に90分授業にするなど，話し合う時間を十分に確保できるような工夫が必要であると考えます。

　最後に，手紙や写真が用意できなかったり，家庭環境の違いがあったりすることについては，十分に配慮していく必要があります。

❸引用・参考文献

- 藤永芳純「『道徳』の内容の改善」，押谷由夫・伊藤隆二編著『小学校新教育課程の解説』第一法規
- 奈良県立教育研究所『奈良県道徳実践活動学習教材』奈良県立教育研究所
- 諸富祥彦・土田雄一編著『道徳と総合的学習で進める心の教育』明治図書

一まいの写真から

いつものものでもよい。
小さいころのアルバムの中から
一まいの写真を取りだしてみよう。

その写真の中で
すましした顔をしている、そのときのきみは、
いったい何を考えていたのだろうか。

六時に始まる、テレビのこと。
新発売の、ゲームのこと。
きのうかえしてもらった、テストのこと。
きょうのばんの、おかずのこと。
あしただれとあそぼうかということ。

それが、
一まいの写真がつたえてくれる、そのときのきみだ。

そして、今、
アルバムに新しい一ページが加わった時、
その中のきみは、どんなことを考えているのだろう。

少しきゅうくつなシャツを着た自分のこと。
けんかをした後の、友だちの悲しそうな顔?
重いにもつを持って歩いていた、おばあさんの後ろ姿?
お父さんから聞いた、外国で起きているせんそうのこと?
それとも、
うちゅうにとび出した、ロケットのこと?

一まいの写真をきっかけにして、
心の大きさをくらべてみよう。

どれだけ、広く考えるようになったか。
どれだけ、深く考えるようになったか。

それが、
きみが生きているしょうこなのだ。

出典：上杉賢士『生命くの畏敬の念を育む道徳資料』千葉市教育センター

番　名前（　　　　）

○小さいころのきみは、どんなことを考えていましたか

○今のきみは、どんなことを考えていますか。

友だちが見つけたきみの成長したところは……

より
より
より
より

自分を深める・他者とかかわる

「価値の明確化」で友だち関係を考える

小学校5年生　　道徳　　3時間

尾高正浩

諸富祥彦が語る
この実践 ここがポイント！

■価値の明確化の実践の流れ■

　尾高先生は，数年前に千葉大学の長期研究制度を利用して，私の研究室で道徳教育の研究をされた方です。アメリカで実践されている道徳教育の手法のひとつ，「価値の明確化」は，遠藤昭彦先生と私がわが国に最初に紹介しましたが，その実践と定着化に多大な役割を果たしつつあるのが尾高先生です。価値の明確化の道徳授業の特徴は，①個人学習・ひとり学習，②小グループでの話し合いや聴き合い活動，③クラス全体での分かち合い，④最後に再びひとりで考える――つまり個→小グループ→学級全体→個という流れを基本パターンとして行うところにあります。これはアメリカの実践をもとに尾高先生と私が洗練させた方法で，今回の実践でもこの特徴がよく示されています。

　価値の明確化という方法のよさは，教師による価値の押しつけではなく，子ども自身の価値選択を尊重できるところにあります。育てるカウンセリングの発想に近く，エンカウンター的な道徳教育と言えます。

■聴き合い活動方式のメリット■

　実践には小グループでの「聴き合い活動」が盛り込まれています。話し合いのなかで言葉で相手をつぶしていくのではなく，理解し合って受け入れていくという姿勢を大切にしています。ここで重要なのは，質問という形をとりながらの攻撃はしないことを徹底させることです。聴き合い活動方式を用いることによって，明確化された価値は自ら選んだもので，不正解はないということを児童は学び取ります。また小グループで行うことにより，全員が自分の意見をメンバーに聞いてもらえる，全員参加の意識がもてる，友達が何を望んでいるのかがわかるといったメリットがあります。道徳教育の第一人者による実践をぜひ参考にしてください。

単元全体の計画

5年生　道徳　3時間

友だち関係を考える

尾高正浩
千葉市立打瀬小学校

❶ 単元（ユニット）設定の理由

よい友だち関係を築くには，互いに認め合い，さまざまな場面で助け合い，理解し合うことが大切です。高学年になった子どもに自分の友だち関係を見直すことで，友だちとのかかわり方を考えさせたい。とくにグループ活動を通して，相互に役割を分担しながら協力し合い，それぞれの目標に向かって励まし合い高め合えるようにしたいと考えました。

❷ 単元（ユニット）の目標

- 相手の立場に立つことを再確認し，友だちに対して何ができるのか考えることを通して，自分の友だち関係について考える。

❸ こころを育てる仕掛け

価値の明確化による道徳授業では，価値のシートと呼ばれるワークシート（資料1・2参照）を用いて，グループでの話し合いを中心に展開するのが一般的です。価値のシートとは，従来の読み物資料の代わりになるもので，子どもの関心をそそる文章と質問からなっています。そして，子どもたちがシートに取り組むことで，価値の明確化の過程を通るように工夫されています。さらに，学習過程を個人学習→グループでの話し合い活動→学級全体の話し合い活動→個人学習の4ステップで構成することにより，一人一人の考えを生かし，主体的に学ぶ意欲を育むことができるのです（次ページ参照）。

❹ 指導上の工夫

ポイントが2つあります。1つめはワークシートに取り組む時間の確保で，まず，ここでしっかり自分の考えを一人一人にもたせます。2つめは，グループでの話し合い活動をルールに従って行うことです。一般に学習時のグループの話し合いは，結論を早く見つけるために，よく話し合いもせず多数決で決めてしまったり，発言力のある子のみが自分の意見を押し通すことだけ考え，言い合いになってしまったりする場合が多く見られます。

そこで、グループで互いの話す声が聞きやすいように、また互いの考えを十分聞くために、グループの人数は4人以下とします。次に、全員に発言の機会を与えるために質問タイムと意見タイムを設けます。まず、グループのだれかが自分の考えを発表します。その考えに対して、ほかのメンバーは質問します。質問が全員終わったら、発表した子に対する自分の考えをほかのメンバー全員が言うのです。これを人数分繰り返します。

❺ 単元の指導計画　全3時間

道徳①「友だち」資料1
いままでの友だちに対する行いを振り返り、相手の立場に立つことの大切さに気づく。

→

道徳②「よしみの悩み」資料2
内向的な友だちにできることを考えることを通して、友だちに自分から働きかけようとする気持ちをもつ。

→

道徳③「いじめ」
あるいじめの事例を検討して、いじめが起きたとき、友だちとして自分に何ができるか考える。

■基本的な授業の流れ

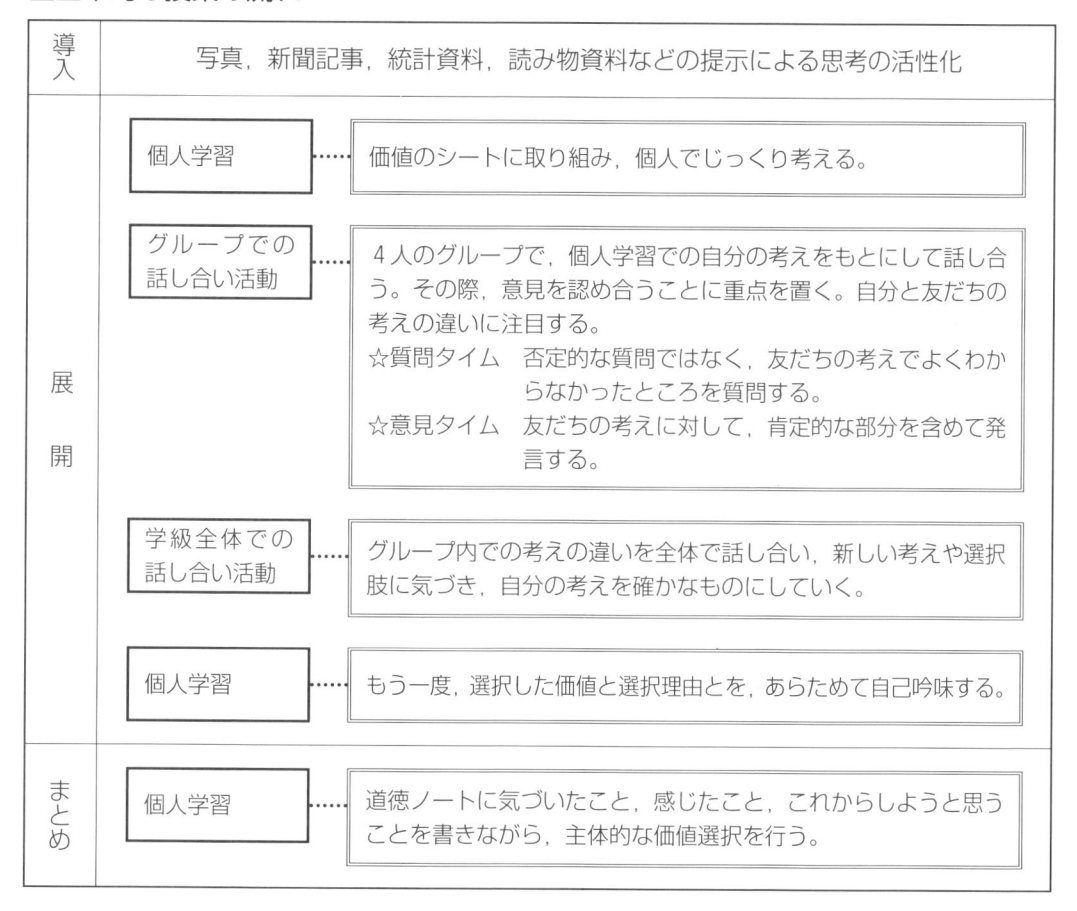

導入		写真、新聞記事、統計資料、読み物資料などの提示による思考の活性化
展開	個人学習	価値のシートに取り組み、個人でじっくり考える。
	グループでの話し合い活動	4人のグループで、個人学習での自分の考えをもとにして話し合う。その際、意見を認め合うことに重点を置く。自分と友だちの考えの違いに注目する。 ☆質問タイム　否定的な質問ではなく、友だちの考えでよくわからなかったところを質問する。 ☆意見タイム　友だちの考えに対して、肯定的な部分を含めて発言する。
	学級全体での話し合い活動	グループ内での考えの違いを全体で話し合い、新しい考えや選択肢に気づき、自分の考えを確かなものにしていく。
	個人学習	もう一度、選択した価値と選択理由とを、あらためて自己吟味する。
まとめ	個人学習	道徳ノートに気づいたこと、感じたこと、これからしようと思うことを書きながら、主体的な価値選択を行う。

指導案① 1時間目

友だち

●教師の思いと授業のねらい，そのねらいを設定した理由

　いま，高学年において，友だち関係で悩んでいる子どもが増えてきています。それは，相手の立場に立って考えていない言動がほとんどの原因です。

　そこで，よい友だちが自分にしてくれたらうれしいことをランキングすることを通して，自分が友だちに何を求めていて，自分は友だちに何をしてあげているのか，自分と友だちのかかわりを見直させ，新たな友だち関係を構築させたいという思いで設定しました。

●資料（教具・教材を含む）
- 価値のシート「友だち」……42ページ（資料1）

●授業の工夫
- なかなか3つ決められない子には，そばに行って子どもと話し合いながら1つでもいいから決めるようにする。
- グループでの話し合いでは，生活班で司会も決めておいたほうがよい。そして，普段あまり話すのが得意でない子から，司会の子が指名していく。
- 全体の話し合いでは，各項目を比べるようにして，学級の実態からどうしても押さえたい項目を中心に話し合うようにする。

●授業の評価の観点
- 話し合いを通して，友だちに対して何をすればいいのか考えることができたか。

「価値の明確化」で友だち関係を考える

	子どもの活動と発問	ねらいにせまる手だて	期待される子どもの姿
導入	①よい友だちが，気にかけている人に対して行うことはどんなことか考える。 「ワークシートのアからツの項目の中から友だちがあなたにしてくれたらうれしいと思うことを5つ選びましょう」	○個人でじっくり考えさせることを通して，一人一人の価値づけの過程を大切にする。 ○選びおわったら理由を考えさせ，友だちに自分の考えを説明できるようにする。 ○自分の考えと合うものがなければツ（その他）を選択し新しいものを加えてもよいし，ある部分を変えてもよいと補足する。	○私は，□□が大切だと思うな。
展開	②グループで選択したものについて話し合う。	○質問タイム，意見タイムを設け，グループの一人一人の意見を大切にするよう助言する。 ○班のリーダーを司会とし，全員に発言の機会が与えられるように，話を聞く姿勢を大切にするようにさせる。 ○意見がうまく言えない子に対しては，そばに行って助言する。 ○自分と友だちの考えの違いに注目させるようにする。	○私とだいたい同じだな。 ○ここは私と同じだけど，あとは違うな。 ○私とぜんぜん違う。 ○そういう考えもあったんだ。 ○私は◇◇の理由で△に変えます。 ○みんないろいろなことを考えているんだな。
	③グループごとの話し合いをもとに全体で話し合う。 「グループで話し合いをして気がついたことを発表しましょう」 ④自分のことを振り返る 「あなたは，どれだけのことを友だちにしてあげていますか」 「もう一度自分の考えを選びましょう」	○グループで出てきたその他の項目の理由を明らかにしながら，話し合いを進めてさせていきたい。 ○各グループの同じ点や違う点に注目させて，話し合いを進めるようにさせる。 ○各グループの考えと自分のグループの考え，または自分の考えのよい点，悪い点をあきらかにする。 ○自分がしてあげている項目と，してほしい項目を比べるようにする。 ○自分の意見を変える場合には，理由を明らかにするよう助言する。	○このグループのこの考えはいいな。 ○自分がしてあげている項目は少ないな。 ○こうした理由で自分の考えは変わりました。
まとめ	⑤今日の学習を通してわかったことを書き，発表する。 ・実際にそれをしますか。それとも，それについて話しているだけですか。 ・その考えについて実際に何かしていますか。	○いままでの話し合いから友だちに対する自分の考えを道徳ノートに書かせる。 ○いままでの自分に対しても振り返り，今後の自分のあり方について書かせる。 ○実践への意欲化を図りたい。	○自分に友だちがしてくれたらうれしいことを，私も友だちにしてあげよう。

単元指導の実際

❶ 実践の記録と成果
あるグループの話し合い

	A児	B児	C児
	エ	キ	イ
	オ	ウ	エ
	キ	セ	カ
	コ	ツ	コ
	タ	コ	ツ

A　私は一番目をエにしました。そういう友だちがいると悩みごともすぐ解決できると思ったからです。二番目は，オです。私の機嫌が悪い時もいやな態度の時も，何も言わないで許してくれると私もホッとする感じでいいと思いました。三番目は，キにしました。私の大切な秘密を守ってくれる，そんな友だちがほしかったからです。四番目は，コにしました。そうやって私のために探してくれると探し物がすぐ見つかりそうだし，そういうやさしい人はいいと思った。五番目は，タにしました。落ち込んでいる時そうしてくれると暗さがふきとんでしまうからです。

B　質問はありますか。
C　あなたはイに対してどう思っていますか。
A　それも一つのやさしさだと思いました。
B　あなたはクに対してどう思いますか。
A　私は相手の人がうれしくないのに喜んでくれてもいやだからよくないと思います。
C　私はその正反対でうれしいです。
B　もう少しエを選んだ理由を教えてください。
A　いろいろ私も悩みごとがあるから聞いてくれるとうれしいです。

（意見タイム省略）

全体での話し合いとフィードバック

　さらに全体の話し合いでは，ほかのグループでどんな考えが出されたのか分かち合いが行われます。
　他の考えを聞くことにより友だちに対する子どもの価値選択のプロセスを刺激し，促進するのです。最後にもう一度，その他の項目も含めて自分の考えを再吟味し，今日の学習を振り返ります。

ちなみに、子どもたちから出たその他は、「約束を破っても許してくれる」「遊びの仲間に入れてくれる」「いつも一緒に遊んでくれる」「手伝ってくれる」「知らないことを快く教えてくれる」「いじめられた時、かばってくれる」でした。選択肢以外に自分の考えが多く出されたことで、子どもたちが友だちにしてもらいたいことを真剣に考え、自分のこととしてとらえていることがわかります。

この授業の後の自己評価では、「友だちは自分の言うことをよく聞いてくれた」「自分の考えをよく友だちに話した」「友だちの話していることでいろいろなことを知った」という項目が「とてもそう」「わりとそう」を合わせて90％以上でした。この方式の授業が子どもたちにとって魅力があり、全員話す場があるので授業に参加しているという意識が強いことがうかがえます。

また、振り返りの記述では、「友だちがされてうれしいことがよくわかった」「これからは自分がしてもらいたいことを友だちにする」とあり、この授業を通して、いままでの自分の友だち関係を見つめ直す記述が多く見られました。

授業後の自己評価の結果

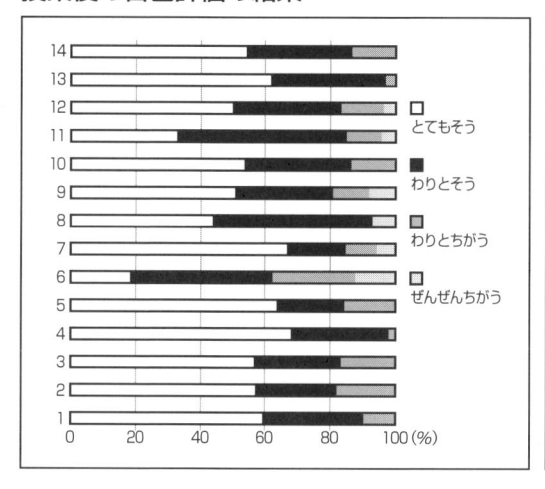

1	楽しかった
2	集中した
3	やりがいがあった
4	友だちは自分の言うことをよく聞いてくれた
5	先生は自分の言うことをわかってくれた
6	自分はみんなの役に立っている
7	自分の考えをはっきりいえた
8	自分の考えをよく友だちに話した
9	自分の考えに自信をもった
10	いろいろなことが頭に浮かんできた
11	友だちが違う考えをもっている時その友達のきもちになって考えることができた
12	別な考えがないか考えた
13	友だちの話からいろいろなこと知った
14	もっと話し合いたい

❷「価値の明確化方式の授業」の意義とそのコツ

価値の明確化方式の授業

「次の道徳の時間何やるの」

私が受け持ってきた子どもたちが必ず言う言葉です。いっぽう、「道徳の時間はむずかしい」「どんなふうに授業をすればいいの」「子どもはちっとも発言しない」「話し合いが深まらない」など先生方の道徳の時間への悩みは尽きません。何が違うのでしょうか。

一つの要因は、多様な指導法を知っているかどうかです。道徳の時間は、子どもたちにとっても教師にとっても魅力のあるものでなければなりません。そのためには、いつもワンパターンの指導法ばかりやっていてはいけないのです。子どもの実態に合わせて資料も指導法も変えるべきです。

そこで，みなさんに勧めたいのがここでも紹介した「価値の明確化方式の授業」です。この方式のよさは，次の三つに集約されます。

全員参加の意義

　一つ目は，クラス全員が参加していることです。この方式の授業をやると，必ず子どもたちが言う感想が「友だちに自分の話を聞いてもらえてうれしかった」です。いままでの道徳の時間を振り返ってみてください。決まった子だけ発言して，授業が流れていないでしょうか。クラスの半分以上が一言も話さず授業が終わっていないでしょうか。子どもたちは，本当は話したいのです。自分の話を聞いてほしいのです。

　この点，価値の明確化方式の授業では，グループ学習の中で聴き合い学習を取り入れているので，必ず全員に発言の機会が保障されています。しかも互いの違いを認め合い，聞き手が話し手の話を理解しようと聞いているので，どんな話し手でも話しやすいのです。つまり一部の人だけ発言する授業ではなく，全員参加の授業なのです。だから，子どもたちが満足し，またやりたがるのです。

自分で答えを見つけていくという魅力

　二つ目は，初めから答えが決まっていないことです。価値の明確化方式の授業は，価値のシートというワークシートを使って授業が進められます。今回の友だちもそうですが，設問に対する答えの選択肢がアからツまでいくつも示されており，選択肢に自分の考えがない場合は，「その他」を選んで自分の考えをつけたします。つまり，いつも答えが一つに決まっているわけではなく，また初めから答えがわかっているわけでもありません。友だちの考えを聴き，話し合うことを通して，自分の答えを見つけていくのです。

　ちなみに，価値のシートの作り方は，発達段階に応じて，低学年では選択肢の数を少なくし，中学年では選択肢の数を増やし，高学年では「選択肢＋その他」「選択肢なし」と，学年が上がるにつれてより自分で考えるようにするのが一般的です。

　読み物資料に答えが書いてあったり，教師が発問しただけで，こういう答えを望んでいるんだろうなとわかったりしてしまう授業に対して，とくに高学年の子どもが魅力を感じないのは当然です。

自分の考えをもつ，子ども中心の授業

　最後に三つ目は，自分の考えをしっかりもてることです。

　価値の明確化方式の授業では，自分一人で考える時間を確保して，まず自分の考えを全員に持たせることから始まります。次にグループで，さらにはクラス全体で話し合うことで，「そういう考えもあるんだ」「こういう理由ならその考えもいいな」「私の考えと一緒だ」など，多様な考え方にふれることで，自分の考えをもう一度見直すことになります。そして，最後にもう一度自分の考えをまとめることになります。

　そこでは，必ず考えを変えなければならないのではなく，変えなくともより自分の考えを確かなものにすればいいわけです。要は，なぜ自分はこの考えなのかきちんと説明できればよいのです。

自分の答えは，自分で決めることがポイントとなります。

道徳の時間をもっと子ども中心に考えることが大切です。内容項目を押しつける授業ではなく，子どもたち自身が悩み，考え，話し合う事で答えを見つけていき，その話し合いを道徳のねらいにそって教師が高めるように支援する，そんな授業が価値の明確化の授業です。子どもたちが自分で考え，自分で決める，さらには自己の生き方を考えることが，いま道徳の時間に求められているのです。そのアプローチの一手法として価値の明確化に取り組んでいただき，授業の手ごたえを感じてほしいと思います。

❸ 授業にあたっての留意点

はじめてこの方式の授業をやると時間がかかりすぎたり，グループでの話し合いがすぐに終わってしまったり，不十分であったりすることがあります。そこで，事前にグループで話し合うことを簡単なテーマでやっておくことです。最初に，意見例，質問例が書いてある学習の手引きを作り，子どもたちは手引きを見ながらこの方式に慣れることが必要です（テーマ例　好きなテレビ，お気に入りの場所，会ってみたい人）。

また今回は，価値のシートの項目が多かったのですが，子どもの実態に応じて少し減らしたほうが，子どもからの考えを多様に出させることができます。

全体の話し合いでは，子どもたちに考えさせたい項目を決め，他の項目と比べる時間を多くとることで，子どもたちの多様な考えを出させるようにします。

資料1　友だち

1. 下の文は、よい友だちが気にかけている人に対してしてあげたらいいと思われることです。この中でできる友だちがあなたにしてくれたらうれしいと思うことを5つ選びましょう。選びおわったらグループで話し合ってみましょう。

ア　病気のときに電話をしてくれる。
イ　学校を休んだときにノートをとってくれる。
ウ　ものをかしてくれる。
エ　悩みごとがあるとき、しんぼうづよく話をきいてくれる。
オ　わたしのきげんや、いやな態度を許してくれる。
カ　わたしの考えに賛成してくれる。
キ　わたしにとって大切な秘密を守ってくれる。
ク　わたしがほめられたら、一緒に喜んでくれる。
ケ　わたしが何かをなくしたとき、探すのを手伝ってくれる。
コ　わたしが落ちこんでしまうとき、落ち着くようにいってくれる。
サ　一人でいてほしいときは、そうさせてくれる。
シ　何かをなくしたとき、一生懸命手伝ってくれる。
ス　宿題ができないときは、助けてくれる。
セ　わたしの冗談がおもしろくなくても笑ってくれる。
ソ　わたしが恐れ、不安に感じていることを理解してくれる。
タ　落ち込んでいるのを心配してわけを聞いてくれる。
チ　けんかをしても後で仲直りをする。
ツ　その他

項目	自分の考え		友だちの考え		自分の考え	
	項目	理由	項目		項目	理由
1						
2						
3						
4						
5						

2. あなたはどれだけのことをあなたの友だちにしてあげていますか。「はい」と答えられるものに◯をつけましょう。

3. もう一度自分の考えを選びましょう。

4. 今日の授業の感想を道徳ノートに書きましょう。

資料2　よしみの悩み

よしみは内気であるようです。どうやらみても、他の人に何を言えばいいのかがよくわかっていないようです。話そうとすると舌がもつれてしまいます。よしみは、校庭で他の子どもたちのグループに近づいていくことも無理だと思い、図書館に行ったり、一人で他の子どもたちのグループによんだり座ったりしやすくすることがほとんどです。他の子どもたちがまとまって笑ったりのおしゃべりしているのを見ると自分のことをわらっているんじゃないかと思います。よしみはいつもぶうぶう言っているわけではありませんが、見た目はとてもすごくさびしいです。もちろんよしみが何もできないわけではありません。よしみの楽しみの一つはお話を書くことです。

1. あなたがよしみにできることはありますか。あなたの考えたことを5つ書いてみましょう。

	自分の考え	グループの考え	自分の考え
1			
2			
3			
4			
5			

2. グループで話し合ってみましょう。

3. 自分の考えを整理しましょう。

4. 今日の授業で気がついたことや考えたことをノートに書きましょう。

自分を深める・他者とかかわる

ホリスティック教育でこころを深める

小学校4～6年生　学活　5時間

行木順子

諸富祥彦が語る
この実践 ここがポイント！

■ホリスティック教育に基づいた実践■

行木先生の実践の背景には，とても深い哲学があります。ホリスティック教育の視点に基づいた自己表現プログラムの決定版と言えます。

ホリスティックとは，知性や感情だけでなく，スピリチュアルな側面まで視野に入れ，知・情・意全体のつながりを重視するということです。自己の存在・他者の存在を受け入れ肯定的に理解するために，頭・心・身体を刺激しながら，イメージや動作などあらゆる手法を駆使して全人的に実践していくのがホリスティックプログラムの最大の特徴です。自己表現に関するエクササイズの基本形が十分に示されており，これからの実践のモデルになります。

■自己表現力を高める工夫■

授業で大切なのはあたたかく安心できる環境を整えること。子どもたちは安心できる環境の中でこそ自分とじっくり向き合うことができるからです。この実践ではその気づきを表現し他者に伝えるわけですが，「色」や「形」「音色」「身体の動き」「言葉」など，さまざまなチャンネル（表現手法）を使って繰り返しエクササイズを行うことで，自分を表現していきます。

さまざまなチャンネルを使うことには，もうひとつの意味があります。それはさまざまな表現方法のなかから，いちばん得意な方法で自分を表現することができるという点です。自分を表現できるようになると，気持ちがすっきりとし，自分にも他人にもだんだんやさしくなれるというメリットがあります。これがこの授業のテーマである「自他を大切にする心」の成長へとつながるのです。

非常にシンプルな手法ですが，同じ内容のエクササイズを手を変え品を変え，繰り返し実践することで，子どものこころは育っていきます。これを参考にみなさんもさまざまなプログラムを展開されるといいでしょう。

プログラムの全体計画

4〜6年生 / 学活 / 5時間

「自他を大切にするこころ」を育むプログラム

行木順子
千葉県光町立日吉小学校

❶ このプログラムを設定した理由・教師の思い

　高学年の子どもたちと共に学校生活を送るなかで，「子どもが起こす行動の背景には感情がある」「楽しいとか面白いといった葛藤のない実践だけでは，子どもたちの心をはぐくむことはむずかしいのではないか」ということが気になっていました。この思いをずっともちつづけていた私にとって，ホリスティックワークの基本原理は「やっと出会えた」というほど共感できるものでした。「心」という内面にかかわる場合，意識されている行為や言葉などの表面に現れた部分だけではなく，感情や体の感覚など自分の内面に意識を向けることが大事です。その際，人間の存在を部分の集まりではなく，全体のつながりとしてとらえるホリスティック教育の人間観に立ったアプローチが有効であると思われます。
　「自他を大切にする心」をはぐくむために，「自己とのかかわり」「他者とのかかわり」に焦点を当てるホリスティック教育の視点で作成した独自の学習プログラムを紹介します。

❷ プログラムの目標

　自分自身を見つめ，他者とかかわることを通して「自他を大切にする心」をはぐくみ，好ましい人間関係をつくる。

❸ こころを育てるための基本原理

　このプログラムの基盤となっているのは，ホリスティック教育の「かかわり」に焦点を当てた教育観です。ホリスティックとは「全関連的」という意味です。
　人は，意志・感情・知性・身体などの個々の部分からなるものではなく，それらが互いにかかわり合う全体として存在します。日常生活では，家庭や地域の中で他者とかかわり合いながら生きており，学校生活でもさまざまな「かかわり」の中で生きている存在です。

（1）「自他を大切にする心」をはぐくむ過程

　このプログラムでは表1に示す過程をもとにして，頭と体と心の「かかわり」に視点をあてた授業展開を行い，子ども一人一人が自己との「かかわり」，他者との「かかわり」を追求していきます。

表1　自他を大切にする心をはぐくむ過程（ホリスティック教育の視点からのアプローチ）

自己とのかかわり	他者とのかかわり
【感じる（心・体）】 自分のいまの感じに気づく	【考える（頭）】 他者の表現を見て他者のいまの感じを考える
【考える（頭）】 自分のいまの感じの表し方を考える	【伝える（体・頭）】 自分が考えた他者のいまの感じを伝える
【伝える（体・頭）】 自分のいまの感じを他者に伝える	【感じる（心・頭）】 他者との交流を通して他者のいまの感じを知る
【考える（頭）】 他者との交流を通して自分のいまの感じに気づく	【考える（頭）】 他者との交流を通して自分のいまの感じに気づく
自己理解が深まる	他者理解が深まる　　　自己理解が深まる
深い自己肯定	深い他者肯定　　　　　深い自己肯定
自他を大切にする心	

（2）プログラムの基盤となる考え方

　このプログラムの「こころを育む」ための基盤となっている考え方は**表2**に示している『ホリスティックワークの基本原理』です。

　なお，プログラムの基本的な授業展開は，構成的グループエンカウンターのセッションの流れを参考にしました。

表2　ホリスティックワークの基本原理について

ホリスティックワークの基本原理	内容
○「いのち」への畏敬と愛	・目に見えるもの（言葉や行動など）の奥にある欲求，感情などにこころを向けること
○マインドフルネス	・リラックスし，目を閉じて自分の内面にこころを向けること
○こころと体，意識と無意識のつながり	・こころと体はつながっており，無意識は体の症状や動きなどになって現れる
○こころはさまざまな部分からなっている一つのシステムである	・こころは対立や葛藤など異なるはたらきをする部分からなり，全体として統一されている
○人間はかかわりの中で育つ	・真実のかかわりの中で，共に探求し，共に気づき，共に成長する

（手塚郁恵『ホリスティックワーク入門』学事出版　P19～P35を参考にして作成）

❹ 指導上の工夫

（1）表現方法に対する考え方

　心と体を開放しなければ感情の表現は容易にできるものではありません。正誤や善悪という基準で物事を考えたり行動したりしている子どもたちにとって，「何を感じてもいい」「どう表してもいい」という投げかけは，とまどいを生じさせてしまう言葉かもしれません。また，自分の気持ちをおもに話し言葉や文字で表すことに慣れているため，その他の表現方法に対する抵抗があるのではないかとも考えられます。

　そこで，子どもたちが安心して自分の気持ちを表せるよう，従来の学習で体験している「色」「形」「音やリズム」「体の動き」「文字」を表現方法として選択しました。なお，一人一人が自分自身と向き合い，抵抗なく感情の表現を楽しめるように，自分の感情を抽象的に表す「色」から始め，より具体的な「文字」へ移行するよう時間割にしました。

（2）3回の目を閉じる場面について

　表2に記したマインドフルネス「リラックスして目を閉じて自分の内面に心を向けること」を1時間の流れの中で3回行うことにより，無意識であった感情や体の感覚を意識することができ，他者との交流の前後で「いまの感じ」が変わることに気づきます。そして，深く自分自身を見つめることができるものと思われます。

❺ プログラムの指導計画　　全5時間

	各プログラムのねらい ［グループ編成の仕方（人数）］	用意するもの
【1時間目】 色で伝えよう	・自分自身の中のさまざまな感じに気づき，色でいまの感じを表し，他者に伝える。 ・色をぬったカードを見て，友だちの気持ちを考える。 ［ジャンケン列車（4～5人）］	B5上質紙1／8 色鉛筆
【2時間目】 形で伝えよう	・自分自身の中のさまざまな感じに気づき，形でいまの感じを表し，他者に伝える。 ・形を描いたカードを見て，友だちの気持ちを考える。 ［バースデイライン（4～5人）］	B5上質紙1／8 鉛筆
【3時間目】 音やリズムで伝えよう	・いまの感じを笛の音や打楽器のリズムで表し，心を開放する気持ちよさを味わう。 ・音やリズムを聴いて，友だちの気持ちを考える。 ［くじ引き（2～3人）］	笛 打楽器 鉛筆
【4時間目】 体の動きで伝えよう	・いまの感じに合った動きをすることで，心と体を開放する気持ちよさを味わう。 ・友だちのまねをして動き，友だちの気持ちを考える。 ［目・タッチ・握手であいさつ（2～3人）］	鉛筆
【5時間目】 文字で伝えよう	・いまの感じを文字で表すことにより，自分を客観的に知る。 ・友だちの書いた字を読んで友だちのことを知り，親しみをもつ。［生活班（4～5人）］	B4上質紙 鉛筆

プログラムの実際

❶ 5時間のプログラムに共通する授業展開

1時間の授業の基本的な展開は表3のとおりです。各時間のテーマを,「色」「形」「音とリズム」「体の動き」「文字」と設定し,5時間で構成します。

表3　1時間の基本的な授業展開　（◎ねらい　○内容　「かかわり」）

1　ウォーミングアップ［3分］　　　　　　　　　　　心・体・頭,他者との「かかわり」

◎場の雰囲気づくり,今日のグループづくりをする。

○その日のグループをつくり,5の活動で表現する順番をジャンケンで決める。

2　授業者によるデモンストレーション［3分］　　　　　頭,他者との「かかわり」

◎子どもたちが本時の学習のイメージをもち,安心して活動できるように流れを説明する。

○授業者はまず,目を閉じていまの自分の感じと向き合う［3の活動］。次に,いまの感じに合う表現を考える［4の活動］。最後に,「いまの私はこんな感じ」と言って表現する。子どもたちはそれを見たり,動きをまねたりしてどんな感じかを考える［5の活動］。

3　いまの自分の感じに心を向ける［1分］　　　　　　　心・体,自己との「かかわり」

◎自分自身を見つめる。

○子どもたちは目を閉じて,いまの自分の感じに心を向ける。この時授業者は「何を感じてもいいんですよ」「感じることにいいも悪いもないんですよ」と静かに語りかける。授業者は,1分間経ったら,鈴（打楽器）を鳴らして目を開ける合図をする。

4　いまの自分の感じをどのように表すかを考える［8分］　　心・体・頭,自己との「かかわり」

◎自分の気持ちや体の感覚を意識する。

○時間割ごとに,いまの感じに合う表現の仕方を考える。

　【1時間目】色で表す　【2時間目】形で表す　【3時間目】音やリズムで表す

　【4時間目】体の動きで表す　【5時間目】文字で表す

5　友だちと交流する［15分］　　　　　　　　　心・体・頭,自己,他者との「かかわり」

◎自分自身を見つめ,他者とかかわり,好ましい関係をつくる。

○まず,1番の人が「いまの私はこんな感じ」と言って表現し,ほかの人は表現を見て1番の人のいまの感じを考え,「○○な感じ？」「△△な感じ？」と聞いてみる。ほかの人が自

分の考えを言ってから,「いまの私は○○な感じでした」と言って2番の人に代わる。2番以降も同様に行う。

　6　いまの自分の感じに心を向ける［1分］　　　　　　　　　心・体,自己との「かかわり」

◎自分自身を見つめる。

○子どもたちは目を閉じて,いまの自分の感じに心を向ける。授業者は,1分間経ったら,鈴（打楽器）を鳴らして目を開ける合図をする。

　7　5の振り返りをする［3分］　　　　　　　　　心・頭,自己,他者との「かかわり」

◎自分自身を見つめ,他者とかかわり,好ましい関係をつくる。

○グループの中で,5の活動の感想を1番の人から述べる。

　8　いまの自分の感じに心を向ける［1分］　　　　　　　　　心・体,自己との「かかわり」

◎自分自身を見つめる。

○子どもたちは目を閉じて,いまの自分の感じに心を向ける。授業者は,1分間経ったら,鈴（打楽器）を鳴らして目を開ける合図をする。

　9　今日の学習の振り返りをする［10分］　　　　　　　　　心・頭,自己,他者との「かかわり」

◎自分自身を見つめ,他者とかかわり,好ましい関係をつくる。

○まず,各自が今日の学習の感想を「今日の振り返り」用紙に書く。次に,各グループ内で,今日の学習の感想を1番の人から順に述べる。最後に,全体の場で2～3名が自分の感想を発表する。

❷ それぞれの時間における子どもの活動の様子

　これまでに,小学生約250人,教師など約150人に本プログラムを実施しました。ここでは,私が担任した学級（5年生16人）での実践について紹介します。

(1) 感じる——3,6,8の活動——

　1時間目は目を閉じることができない子どもがいましたが,2時間目以降はやり方がわかり,安心して取り組めるようになったため,全員が楽な姿勢で「いまの感じ」を味わえるようになりました。

(2) 表す——4の活動——

【1時間目】色で伝えよう

　全体的な傾向として,オレンジ・黄・ピンク・赤などの暖色系は「楽しい,うれしい,明るい,いい気持ち」を表し,紫・青・茶・黒などの寒色系は「眠い,嫌な気分,つまらない」感じを表しています。とくに,赤一色は「興奮・むかつく・怒り」,黒一色は「疲れ・だるい」という感じを表していることが特徴として見られました。

|振り返り| ○気持ちは言葉だけでなく色でも表せることがわかった。
○友だちの気持ちを初めて知った。とても楽しかった。次は，ほかの人の気持ちも知りたい。

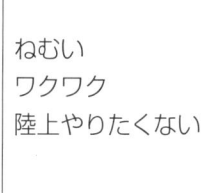

〔子どもの描いた色〕 黄色 オレンジ 紫 水色

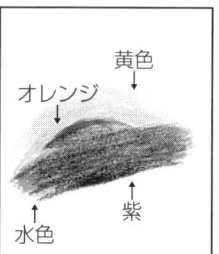

〔いまの感じ〕 ねむい ワクワク 陸上やりたくない

【2時間目】形で伝えよう

円やハート型などは「明るい・楽しい・うれしい・あったかい」感じが多く，とがった形やぐちゃぐちゃした形は「眠い・嫌な気分・つまらない」感じを表しています。また，筆圧が強いものは「いい感じ」，筆圧が弱いものは「嫌な感じ」を表しているという特徴が見られました。

〔子どもの描いた形〕

〔いまの感じ〕 つかれてる

|振り返り| ○友だちの気持ちがわかってよかった。少し楽しかった。
○自分の伝えたいことが伝わってよかった。みんな疲れていることがわかった。

【3時間目】音やリズムで伝えよう

どのように表せばよいのか迷っている子どもが多かったため，一度活動を止めて授業者がリコーダーを強く吹いてみせました。すると，「そんな音出してもいいんだ」と言って子どもたちもそれぞれに色々な音やリズムを出し始めました。

|振り返り| ○鈴の音で今の感じを伝えたら，すぐわかってもらえてよかった。初めはあんまりいい気分じゃなかったけど，グループの人にいまの感じを伝えたらちょっとスッキリした。
○自分の気持ちがはじめよりも少しよくなったし，友達もやる前は気持ちが強かったけど，伝え合ったら僕と同じで，気持ちがよくなった人がいたから安心した。

【4時間目】体の動きで伝えよう

体の動きには性差がみられました。女子は指など体の一部を使ったりひとつのポーズをとったりして表現し，男子は身体全体を使った大きな動きで表現していました。

|振り返り| ○すごく楽しくできた。友達のまねをして一緒に動いて，友達の気持ちがわかってよかったし，自分の気持ちもわかってくれたからうれしかった。
○友だちの動きを見て気持ちが一回でわかった。動くことも考えることも楽しかった。

【5時間目】文字で伝えよう

　7分間で「いまの感じ」を用紙に書いていき，それを小さな声で読み，区切りの線を引いて，その後で読んで思ったことを書きます。

> ねむい
> うるさい
> ねむい
> うるさい
> ねむい
> 勉強やりたくねぇ
> バスケやりたい
> ねむい
> バスケやりたい
> ねむい
> バスケやりたい
> ぼくって、ねむたい

振り返り
○自分のいまの気持ちがよく書けた。いままでやった中でいちばん楽しかった。またやりたい。
○楽しかった。自分の言いたいことがいっぱい書けて楽しかった。友だちのを聞いたり読んだりして友だちの気持ちがわかった。またやりたい。

（3）伝え合う――5の活動――

　プログラムごとにグループの成員や人数が変わり，5時間を通して多くの友だちと伝え合いました。

【1時間目】色で伝えよう，【2時間目】形で伝えよう

　「いまの私はこんな感じ」と言って自分のカードをグループ全員に見せて，考えてもらいます。ほかの子どもたちはカードにぬられた色や描かれた形から，友だちの「今の感じ」を考えて口々に言っていきます。グループ全員が言い終えたら「○○な感じでした」と言いながらカードの裏に書かれた文字を見せます。

【3時間目】音やリズムで伝えよう

　音の強弱や高低，リズムの強弱や速さでいまの感じを表していました。友だちが出した音やリズムをまねながら，友だちの「いまの感じ」を考えて伝えます。グループ全員が言い終えたら「○○な感じでした」と言葉で自分の感じを教えます。

【4時間目】体の動きで伝えよう

　友だちの動きをまねて一緒に動くことにより，友だちの「いまの感じ」を考えて伝えます。グループ全員が言い終えたら「○○な感じでした」と言葉で自分の感じを教えます。

音やリズムで伝えよう

【5時間目】文字で伝えよう

　自分の気持ちをそのまま表す「文字」であるため，伝えることへの抵抗感をもつ子どもに配慮し，本人が読んでほしいと思う友だちと交流することにしました。また，授業者が子どもの書いたものを（本人の許可を得て）音読し，全員との交流の機会もつくりました。

体の動きで伝えよう

ホリスティック教育でこころを深める

（4）振り返る――7，9の活動――

7の活動では，グループごとに5の活動の感想を述べ合いました。友だちとの交流後に「いい感じ」になったという振り返りが聞こえてきました。9の活動ではとくに，自分の感想を書くための時間を多くとり，一人一人がゆったりと自分自身と向き合えるようにしました。グループ内での振り返りは短時間に全員が発言できるようにしました。全体での振り返りは，2～3人に自主的に感想を述べてもらいました。

❸ 6～10時間目の実践

5時間分の全プログラムを実施した後，4の活動（いまの自分の感じをどのように表すか考える）を，各自が選択して行うようにして，さらに5時間分を行いました。「色や形」「文字」で表現する子どもがほとんどでしたが，自分で表現の仕方を工夫する姿が見られるようにもなりました。

〔子どもの描いた色や形〕　〔いまの感じ〕

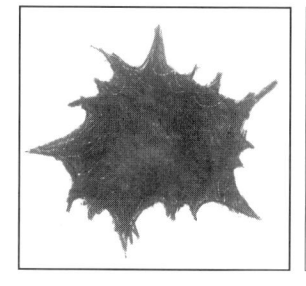

ムカツク
さいあく
（おこってる）

左のカードは，初めに形を描いてからかなり濃く赤色を塗っています。今日の振り返りでは，「私はこの勉強をやる前にムカツイたことがあったから，カードにムカツイたと書いた。だけど，みんなに聞いてもらったらムカツイてた気持ちがおさまった」と記されていました。

右のカードは，初めに真ん中の石のような形に外側から黒・紫・茶色が塗られていました。友だちと交流した後の振り返りでは，4つの星とたくさんの点を描いていました。今日の振り返りでは，「みんな気持ちに合ったものを描いていた。やってみて，最初より気持ちがよくなった。やってよかった」と記されていました。

〔子どもの描いた色や形〕　〔いまの感じ〕

早く家に帰りたい
すごくいやな気持ち

以上も含めて，全10時間を実施した後の子どもたちの感想には，この勉強は「自分の気持ちが嫌なときは友だちに伝えればスッキリするし，いい気持ちのときは友だちに伝えるともっといい気持ちになるからこれからもやりたい」「初めのころは面白くなかったけど，やっているうちにやさしい気持ちになったり楽しい気持ちになったりしたのでよかった」「自分の気持ちがスッキリするし気持ちが楽になる」「友だちのことがわかるし，自分のことも伝えられるから友だちと仲よくなれる」という内容が記されていました。

成果と課題

❶成果

　これまでの実践を通して，子ども一人一人が自分の感情や体の感覚を意識するようになり自己理解が深まっていること，友だちとの交流により他者理解が深まり，友だちを好意的に見るようになっていることが確認できました。

　また，このプログラムを介してほとんど声を出さない数人の子どもにも出会いました。友だちから「大人しい」「無口」と思われていて，担任の立場からも手はかからない子どもです。普段の生活の中で他者とかかわることが少ない子どもにとっては，自分自身を見つめる機会になり，自然に他者とのかかわりをもつことができるという点においてこのプログラムにおける取り組みは必要であると考えられます。学校においてホリスティックな体験を重ねることが，こころをはぐくむためには必要であるということを実感しました。

❷全実践における課題

「毎回目を閉じることができずに周りの様子を見ている」「自分勝手に動いてしまう」など，落ち着いて自分自身と向き合うことがむずかしい子ども数人に出会いました。このような子どもへの対応や配慮について，今後実践を重ねて考えていく必要があります。

❸引用・参考文献

- 行木順子「自他を大切にする心を育むプログラムの開発」，『平成13年度千葉県長期研修生研究報告書（別冊）』及び日本学校教育相談学会『学校教育相談研究』第13号
- 行木順子「ホリスティック教育」，諸富祥彦編集代表『シリーズ　学校で使えるカウンセリング第2巻　学級経営と授業で使えるカウンセリング』ぎょうせい
- 諸富祥彦『自分を好きになる子を育てる先生』図書文化
- 手塚郁恵『子どもの心のとびらを開く　ホリスティックワーク入門』学事出版
- ジョン・P・ミラー『ホリスティック教育　いのちのつながりを求めて』春秋社

自分を深める・他者とかかわる

「こころのダム理論」でストレスコーピング!!

小学校5～6年生　　道徳・学活　　6時間

矢澤敏和

諸富祥彦が語る
この実践 ここがポイント！

■こころのダムとキレやすさ■

　キレやすい子どもの増加がいま大変な問題になっています。キレてほかの子どもに手をあげてしまい，クラス全体が騒然となり収拾がつかなくなることも，珍しくはありません。

　こころは水を蓄えるダムにたとえることができます。キレやすい子どもたちのこころは，ゆとりのない容量の小さいダムと同じです。ちょっとした出来事に対してすぐにこころがストレスでいっぱいになってしまい，それが「キレる」という形であふれ出してしまうのです。こうしたストレス耐性の低い子どもたちに共通するのは，自己肯定感が低く，何かにつけ「自分はどうせダメなんだ」と投げやりになってしまうこと。また，人間関係を築く能力が乏しいということです。

■こころの容量を増やしストレスの
　正体を理解する■

　矢澤先生は，この実践で，子どもたちのこころのダムをいかに大きく育てていくことができるかに取り組みました。このプログラムはこころの器を大きくするための部分と，ストレスの正体を突き止め，上手に対処するにはどのような方法があるのかを理解し身につけていく部分，このふたつの柱で構成されています。

　この実践ですぐれているのは，エンカウンターによってこころを育てるだけにとどまらず，ストレスコーピング（ストレス対処）のノウハウをしっかり教えているところです。

　いまの子どもたちは自分がストレスを感じていることを人にうまく言葉で伝えることができません。この実践は，ひとりでストレスと格闘するのではなく，友だちに話したり知恵を借りたりしながら解決していけばいいのだということを体験的に学んでいける素晴らしいプログラムです。

| 単元全体の計画 | 5〜6年生 | 道徳 学活 | 6時間 |

こうすればストレスとうまくつきあえる！

矢澤敏和
銚子市立本城小学校

❶ 単元（ユニット）設定の理由

　子どもたちとのかかわり方にいささか自信のあった私も，昨年いわゆる「キレる」子どもを担任してその自信がぐらつきました。楽しく遊んでいたかと思うと急に友だちのことをけとばす。当番を決めていて，自分のなりたい当番になれないと，関係ない子の机を倒す。いままでに経験のないことでした。キレやすい子どもは，多くの学級においてもみられる現象らしく，現代的な教育課題の一つとして取り上げられています。

　そこで，このようなキレる子どもを出さないようにするためにはどうすればよいか，そしてキレる傾向にある子どもにどのようにかかわっていくのかを考えました。

❷ 単元（ユニット）の目標

- 自分の長所を見つめ直したり，他者とのかかわりを深めたりして自己肯定感を高める。
- ストレスコーピング（ストレスに対処する）スキルを高める。

❸ こころを育てる仕掛け

　「キレる」要因はさまざまですが，中でも大きい要因は次の2つが考えられます。①こころの器が小さいこと，②ストレスコーピング能力（ストレスと上手につきあう方法を活用する力）が低いこと。こころの器が小さいというのは，こころのダムが貯蔵できるストレスが少ない（ストレス耐性が低い）ことであり，その背景には自己肯定感が低く，人間関係がうまく築けないことが考えられます。そこで自己肯定感を高め，人間関係を上手にするエクササイズを前半部分に行いました。後半部分は，ストレスコーピングスキルを高めるためのエクササイズを行いました。

❹ 指導上の工夫

- ストレス対処を学ぶロールプレイでは，子どもに伝わりやすくするために，デモンストレーションをはっきり大げさなぐらいに行う。

❺ 単元（ユニット）の指導計画　全6時間

1次	自分を好きになろう	ぴったしカンカン なんでもバスケット	1時間（学活）
		いいとこさがし	1時間（道徳）
		自分でリフレーミング	1時間（道徳）
2次	ストレスコーピング	ストレスってなあに	1時間（学活）
		ストレスオニを追い出そう	1時間（学活）
		私ならこうする！	1時間（学活）

「こうすればストレスとうまくつきあえる！」プログラム

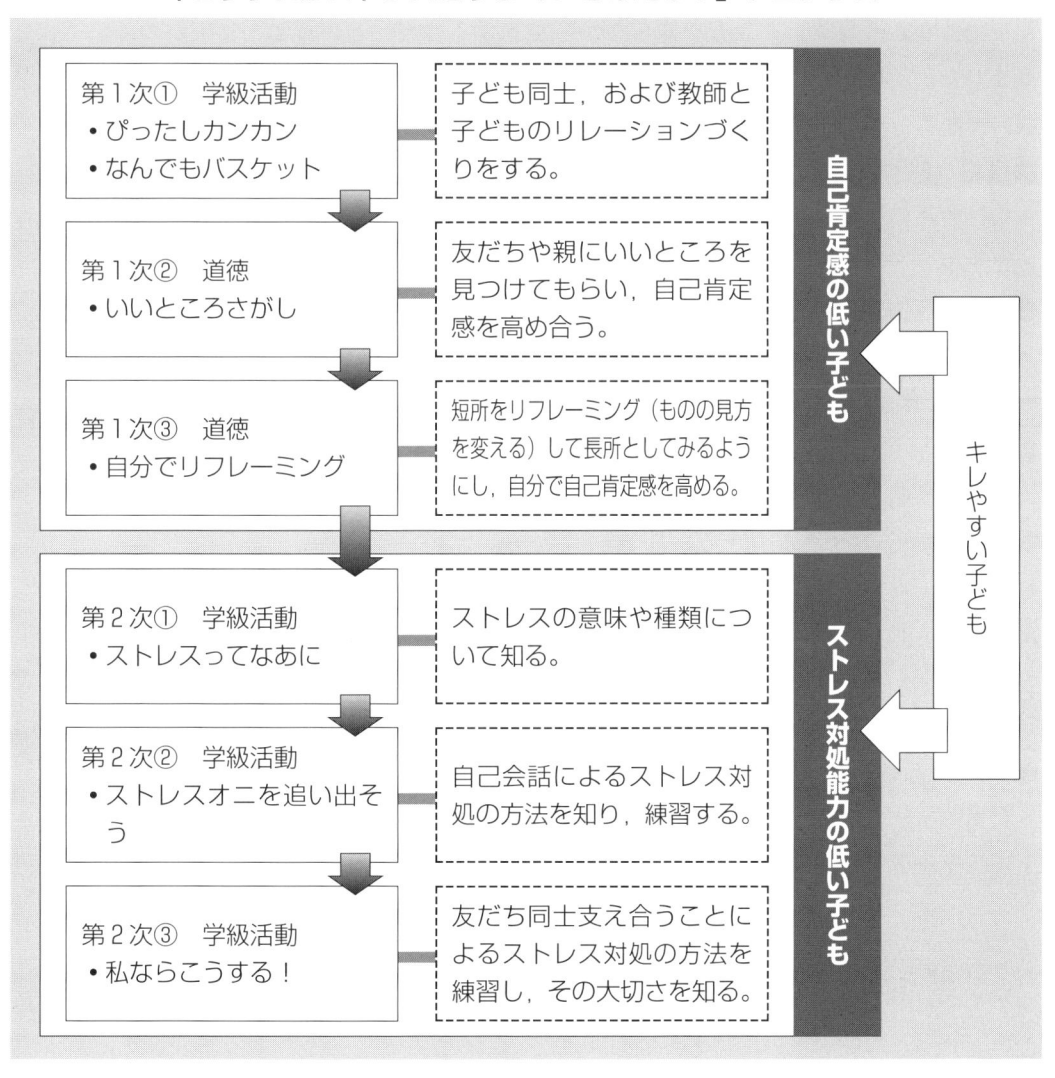

第1次①　学級活動
・ぴったしカンカン
・なんでもバスケット
→ 子ども同士，および教師と子どものリレーションづくりをする。

第1次②　道徳
・いいところさがし
→ 友だちや親にいいところを見つけてもらい，自己肯定感を高め合う。

第1次③　道徳
・自分でリフレーミング
→ 短所をリフレーミング（ものの見方を変える）して長所としてみるようにし，自分で自己肯定感を高める。

〔自己肯定感の低い子ども〕← キレやすい子ども

第2次①　学級活動
・ストレスってなあに
→ ストレスの意味や種類について知る。

第2次②　学級活動
・ストレスオニを追い出そう
→ 自己会話によるストレス対処の方法を知り，練習する。

第2次③　学級活動
・私ならこうする！
→ 友だち同士支え合うことによるストレス対処の方法を練習し，その大切さを知る。

〔ストレス対処能力の低い子ども〕

指導案①　　**2時間目**　　**2次**

> 自己会話
> ①ⓢ…ストレスを知る
> 　「イライラしているなあ」
> ②ⓣ…とまれ！
> 　「落ち着け」
> 　「イライラしない」
> 　「ゆったりしろ」
> ③ⓡ…冷静に考える
> 　「どうしようかな」
> ④ⓢ…素直にやろう！
> 　「素直にやってみよう」

ストレスオニを追い出そう

●教師の思いと授業のねらい，そのねらいを設定した理由

　ストレス対処の方法を考え，身につけるとともにストレス対処できる自分に気づくことをねらいとしました。

　以前ならひとこと子どもに言えばすんだことも，最近は伝わらないことが多くなってきました。最初は「何でやらないのだろう？」と思っていましたが，実はやらないのではなくてできなかったり，やり方を知らなかったりするのだ，ということに気がつくようになりました。「ストレス対処」もその一例です。普段の生活でも生かせるよう，ただ教え込むのでなく，楽しく学習できるようにこの授業を考えました。

●資料（教具・教材を含む）
- 自己会話の方法を示した表……本ページ右上参照
- 児童用ワークシート…………62ページ

●授業の工夫
- 「自己会話」を，①「ス」…「ストレスを知る」，②「ト」…「とまれ！」，③「レ」…「冷静に考える」，④「ス」…「素直にやろう！」と語呂合わせにして覚えやすくした。

●授業の評価の観点
- 「自己会話」を理解し，有効なストレス対処法であることに気づくことができたか。

●授業の様子や子どもたちの声

　高学年，とくに男子はロールプレイの活動に対し，恥ずかしがったりバカにしたりして意欲的に活動しないのではと懸念されましたが，熱心に取り組みました。とくに普段キレやすい傾向にあるＡ君は「友だちにあまり怒らないようにしたほうがいいと思った」と発言し，普段の自分も振り返ることができました。

●引用・参考文献
- 石川芳子・久保由美子「イライラオニを追い出そう」，小林正幸・相川充編『ソーシャルスキル教育で子どもが変わる　小学校』図書文化

「こころのダム理論」でストレスコーピング!!

時間配当	学習活動とおもな発問・指示	教師の配慮事項	資料等
2分	①学習のめあてを知る。 ○今日は「ストレスオニ」の追い出し方について学習します。	・前時に学習した「みんなにストレスがある」ということを確認する。	
10分	②ストレス状態について考える。 ○これから担任の先生（弟）と私（兄）でストレスオニにこころを占領された場面をやってみます。お兄さんの気持ちになって考えてみましょう。 ○「うるさいなあ，あっち行けよ」と思わず怒鳴ってしまったお兄さんは，どう思ったでしょうか。 ○このようにストレスオニにこころを占領された例はありませんか。 ○こころをストレスオニに占領されているとどんな気持ちになりますか。	弟：お兄ちゃん，遊ぼうよ。ねえ，遊ぼう。 兄：だめ！いまお兄ちゃんは，この本を読んでいるんだから。 弟：いいでしょ，ね！遊ぼうよ。ね，いいでしょ！ 兄：うるさいなあ，あっち行けよ!! 弟：えーん。お兄ちゃんが遊んでくれないよう。おかあさーん。 ・例が出ない場合は，教師が示す。 ・「どうしたらいいかなあ」と問題をもたせるようにする。	
13分	③ストレス対処法を知る。 ○ストレスオニにこころを占領されないためには，「自己会話」というおまじないをして自分の気持ちを落ち着かせることが大切です。 ○自己会話のやり方を説明します。説明を聞きながら，実際にこころの中で一緒にやってみましょう。 ○では私と担任の先生がやってみますので見ていてください。今回はわかりやすいように自己会話の部分も声に出してみます。	・「ス」「ト」「レ」「ス」の語呂にあわせて自己会話するよう助言する。 ①ス……ストレスだ！ 　「イライラしているなあ」 ②ト……とまれ！ 　「落ち着け」「イライラしない」 　「ゆったりしろ」 ③レ……冷静に考えよう！ 　「どうしたらいいか考えよう」 ④ス……素直に！ 　「素直にやってみよう」 ・教師が兄，担任が弟役となり，デモンストレーションをする。	自己会話の方法を示した表
15分	④ストレス対処法を考え，練習する。 ○まず，台本に完成させましょう。 ○隣同士でやってみましょう。打ち合わせのできたところから始めてください。 ○まず，最初にダメな例をやり，その後，台本どおりにやってみましょう。	・ワークシートにせりふを書いておき，自己会話の④については自分で考えさせ記入するよう指示する。 ・自己会話の部分はこころの中で言うようにする。 ・女子については妹，姉に変えてもいいことを伝える。	ワークシート
5分	⑤学習を振り返る。 ○近くのペアと一緒に４人でシェアリングしましょう。 ○感想を書いてください。	・自己会話を使って自分と会話したときの気持ちなどをシェアリングするよう助言する。	

指導案② 　**3時間目**　**2次**

私ならこうする！

●教師の思いと授業のねらい，そのねらいを設定した理由

　友だち同士で支え合うことによるストレス対処の方法を練習することをねらいとしました。

　「キレる」に限らず，不登校やいじめなど現代的な課題の多くにおいて，子どもたちは，悩みを人に言えず自分で抱え込んでしまうことが多いように思います。逆に考えると，自分で何でも抱え込んでしまう子どもたちに問題が多くあるとも言えます。困ったとき，友だちに相談できることがどれほど大切であるかを実感できるような授業にしたいと考え，この授業を行いました。

●資料（教具・教材を含む）
- 児童用ワークシート………62ページ
- ２つの顔の絵（拡大図）……児童用ワークシートのイラスト参照

●授業の工夫
- 自分でするストレス対処でなく，友だちの支えによって行うストレス対処の方法のよさに気づけるようロールプレイを行う。

●授業の評価の観点
- 友だちに相談したり助けてもらったりすることが，ストレスへの対処法として有効となることに気づくことができたか。

●授業の様子や子どもたちの声

　当初は，友だちに相談しようとする態度だけを育むことだけを考えていました。授業後の感想には「友だちにストレスを解消してもらうとスッキリした」「なぐさめてくれる人がいると安心する」などというものが多く，効果があったことがわかります。しかし，「もし友だちが困っていたらアドバイスなどをしてあげたい」という感想もあり，悩んでいる友だちへの思いやりの心情なども育ったことがわかりました。

●引用・参考文献
- ストレスマネジメント教育実践研究会編『ストレスマネジメント・ワークブック』東山書房

「こころのダム理論」でストレスコーピング!!

時配	学習活動と主な発問・指示	教師の配慮事項	資料等
2分	①本時のめあてをつかむ。 ○今日は,友だちに助けてもらって行うストレス対処法を行います。	・個人の対処法でなく,友だちによる対処法であることを告げる。	笑っている顔の絵と怒っている顔の絵
7分	②ストレスの原因について予測する。 ○この絵を見てどうしてこのような表情をしているか考えましょう。 ・友だちとけんかした。 ・先生に怒られた。 ・友だちにいやなことを言われた。	・普段と違う表情に着目するよう助言する。 ・自分が絵の子どもであるとして考えるように助言し,自分が投影されるようにすることで自分のストレスととらえるようにする。	ワークシート
7分	③友だちの立場になって自分のストレス対処を考える。 ○自分で考えた原因を解決できるように,自分が友だちならどうしてあげたらいいか考えましょう。 ・話をよく聞く。 ・プラスに考えるよう話をする。 ・気分転換をする。	・友だちの立場になることによって,友だち同士で支え合うことによるストレス対処法のよさに気づくことができるようにする。 ・どうしても考えが浮かばない子には教師が個人的に助言する。 ・友だちを中傷したり非難したりする言葉かけはしないようにする。	
20分	④自分で考えたストレス対処法をペアでロールプレイしあう。 ○自分は怒っている役になり,自分の考えた対処法を相手にやってもらいましょう。 ○1人が終わったら交代してやりましょう。 ○時間が余ったところは,立場を逆にしてやってみましょう。	・教師のデモンストレーションを参考にさせる。 ・怒っている状況と対処法を十分に相手に説明してから,ロールプレイするよう助言する。 ・必要なペアはシナリオを利用してもいいことを告げる。 ・時間の余ったペアは,自分の怒っている役を友だちにやってもらい,役割を反対にして行うよう助言する。	
7分	⑤やってみた感想や気づいたことを話し合う。 ○友だちとストレス対処体験をやって感じたことや気づいたことを発表してください。 ・友だちに聞いてもらうと落ち着いた。 ・気分転換でき,怒りが収まった。	・近くの2人組と4人組をつくり,シェアリングするようにする。 ・1人1分ぐらいずつ発表するよう教師が時間を区切りながら進める。 ・何組かのグループに,話し合ったことを発表してもらうようにする。	
2分	⑥本時を振り返る。 ○振り返り用紙に今日のエクササイズで気づいたことや感じたことを書きましょう。	・時間がないときには,帰りの会などで書いてもらうようにする。	振り返り用紙

単元指導の実際

❶ 実践の記録と成果

3学級（86名）に実施して，授業後にアンケートをとった結果が**資料1**です。授業を「楽しさ」「積極さ」「協力」の3つの観点で各3点，計9点で評価しました。どの授業も意欲的に取り組んだことがわかります。これに関しては，次のような授業後の子どもの感想があります。

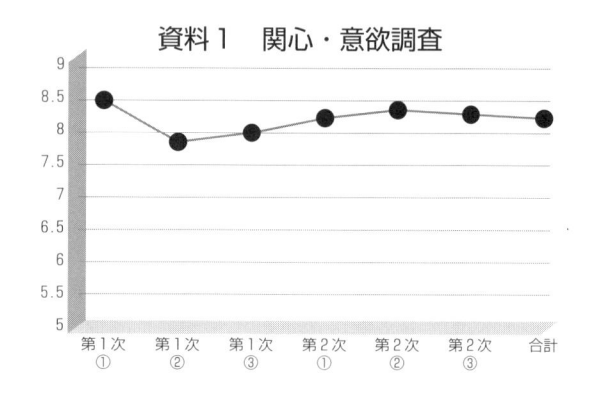

資料1　関心・意欲調査

> （前略）道徳の授業をやると聞いていたから「ずーっとイスにすわって感想とかを書く授業なのかなあ。つまんないな」と思っていたけど，実際にやってみると私が思っていた授業とは正反対だった。

今回の授業は，子どもたちにとって，いままでもっていた道徳や特別活動のイメージとは違っていたようです。活動的な内容であったことが関心が高かった理由でしょう。

また，「高学年の子ども，とくに男子は，恥ずかしがって積極的に参加しないのではないか」と予想していました。しかし，次の子どもの感想にもあるように興味をもって取り組んだ子どもが多かったです。

> 今日のエクササイズは楽しかったし，イライラしたときにとめる方法もわかってよかった。
> 〈第2次②：男子の感想〉

子どもたちの変容については，**資料2**にあるように，どの項目もストレス対処のスキルがアップしていることがわかります。何より，ストレス対処への意識の高まりが見られたことがいちばんの成果であったと言えます。

授業をさせていただいた学級の担任の教師からは次のような感想をいただきました。

- （子どもたちも）いままで自分なりのやり方で「落ち着こう」と個人で漠然といろいろな方法を行っていたが，今回の授業で「自己会話」という明確な方法を知り，それをすることで短い時間で落ち着くようになった。
- 「キレやすい」子どもに対し，周りの子どもがマイナスの働きかけをしなくなった。
- 友だちに何かあったとき，慰めや励ましの言葉をかけられる子どもが増えた。その言葉の内容も的確である。

資料2　行動調査

プレテスト／ポストテスト

① 素直に謝る
② 相手の失敗を許す
③ みんなで決めたことに従う
④ 聴いてばかりでなく話をする
⑤ 他と違っても自分の意見を言う
⑥ 最後まで相手の話を聴く
⑦ 友達といる時すぐに腹を立てない
⑧ 最後までやりぬく
⑨ 相手を傷つけないで話す
⑩ 自分の悪いとこをを見ようとする
⑪ 自分のしたいことをうまく説明する
⑫ 自分の考えで行動する
⑬ 家で些細なことに腹を立てない
⑭ 家の人に相談する
⑮ 先生に相談する
合計

行動については，すぐに結果の現れるものではありませんが，子どもたちの中には十分意識されたようです。次のものは，全体を通した子どもの感想の一部です。

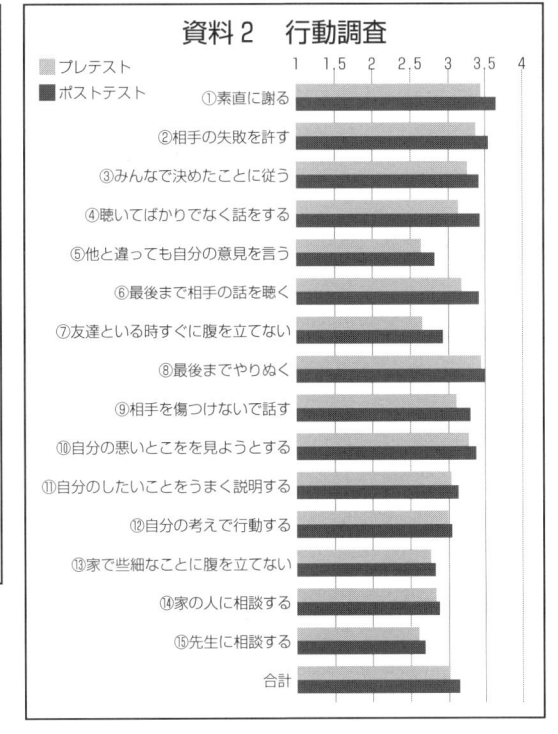

> 先生との授業は，心があたたかくなる授業で，自分，そして友だちと深くかかわることができて本当に楽しかったです。

❷ 課題

　自己肯定感を高めるには，時間をかけて長期的に取り組むことが必要です。したがって，今回のような単発的なプログラムだけでなく，継続的な指導（学級便りや朝の会など）も一緒に行ったほうが，効果があります。

　今回，ロールプレイの場面では，担任と私とでのデモンストレーションがほとんどでした。そのため，大胆にかつ的確にデモンストレーションを行うことができ，照れなどが心配された高学年でも意欲的に活動できました。参加動機を高めるためには，デモンストレーションの成功がポイントとなります。普段からノリのいい子ども，コミュニケーションの取れている子どもと行うことが望ましいです。

❸ 引用・参考文献

- 諸富祥彦『学校現場で使えるカウンセリング・テクニック（上）』誠信書房
- 國分康孝ほか編『育てるカウンセリング』図書文化
- 皆川興栄『総合学習でするライフスキルトレーニング』明治図書

<自分ならこうする！ワークシート>

年　月　日（　）

年　組　名前

1

2　1のようなときに、あなたが友達ならどんなことをしてあげますか。

○どんなことが起きて、表情が変わったのでしょうか。

3　今日の授業を振り返って
・今日のエクササイズは楽しかったですか。　　　　◎　○　△
・積極的に参加できましたか。　　　　　　　　　　◎　○　△
・友達と仲よく活動できましたか。　　　　　　　　◎　○　△

○今日のエクササイズをやった感想や思ったことを自由に書きましょう。

<ストレスオニを追い出そう！ワークシート>

ストレスオニを追い出そう！

年　組　名前

1　兄と弟の会話（女子は女の子に変えてもかまいません）
　弟―― お兄ちゃん、遊ぼうよ。ねえ、遊ぼうよ。
　兄―― だめ、今、お兄ちゃんは、この本を読んでいるんだから。
　弟―― いいでしょ！ね、遊ぼうよ！ね、いいでしょ！

2　後に続く兄の自己会話（自己会話②は、1つ選んで○をつけます）
　兄――ストレスを知る。
　　　「イライラしているなあ。」　　　　　　　　（自己会話①）
　Ｉ……ストレスを追い出す。
　　　「とまれ！」「イライラしない」「ゆったりしろ」（自己会話②）
　Ｌ……落ち着け！
　　　冷静に考える。
　　　「どうしようかなぁ。」　　　　　　　　　　（自己会話③）
　Ｓ……「よし！！」
　　　素直にやろう！　（自分で書いてみましょう）（自己会話④）

3　自己会話④のあと、弟に何といいますか。

弟の答え
　弟―― うん、わかった。待ってるよ。

4

5　今日の授業を振り返って
・今日のエクササイズは楽しかったですか。　　　　◎　○　△
・積極的に参加できましたか。　　　　　　　　　　◎　○　△
・友達と仲よく活動できましたか。　　　　　　　　◎　○　△

自分を深める・他者とかかわる

解決志向アプローチで「こころの虫退治」

小学校3〜4年生　道徳　4時間

桜井美弥

諸富祥彦が語る
この実践 ここがポイント！

■グループエンカウンターの画期的モデル■

桜井先生は，いまカウンセリング界で大人気の解決志向アプローチ（ソリューション・フォーカスト・アプローチ）の方法を，クラス全体で親しみやすいエクササイズを通して学べるプログラムで展開しました。ソリューション・フォーカスト・アプローチとは，簡単に説明すると，一人一人の子が本来もっている力（リソース）を引き出し，自分のキレるこころへの対処法を学んでいく手法です。しかし，クラス全員を対象にこの実践を行うというのはいままでにない画期的な試みで，ソリューション・フォーカスト・アプローチの学級での実践の先行モデルとして高く評価できます。

■持っている力，できたことを評価する■

この手法の特徴は，その子がもっている能力（リソース）や，すでにできていることに目を向けることで自己肯定感を高められるところにあります。自分の抱えている問題に焦点を当てがちな心理療法的なカウンセリングでは，一歩間違えると，問題の前で立ちすくむ自分の姿に無力感を抱いて自己否定的になってしまう場合があります。しかしこのアプローチでは問題とその人自身とを区別して考えることにより，「自分はこんなふうに問題に対処することができるのだ」という気づきが生まれます。例えば，友達との人間関係でキレてしまってモノにやつあたりする子どもがいたら，「キレやすい問題のある子どもだ」と見るのではなく，「モノにやつあたりをすることで，友達を傷つけるのを避けることができている」ととらえれば，そこにその子なりの対処能力があると考えられるわけです。こうしたことに，子ども自身が気づけるようになるためには，まず教師自身が見方を変え，肯定的な言葉かけを心がけることが必要なのは言うまでもありません。

単元全体の計画

3〜4年生 / 道徳 / 4時間

心の虫をたいじしよう

桜井美弥
もと兵庫教育大学大学院学校教育研究科

❶ 単元（ユニット）設定の理由

いまの子どもたちを見ていると，自分に自信がもてない子が多いように思います。そして，自分に自信がもてないことからさまざまな問題が生じているようにも感じます。

どの学校，学級でも問題をもっている子はいるでしょう。本来，問題はその子の一部分にしかすぎません。けれども，注意した一言が，その子自身を全否定することにつながっているかもしれないのです。本実践は，その子の問題と本人を切り離し，教師，子ども同士，子ども自身の問題のとらえ方を少し変えるところから始まります。子どもたちが自信をもちながら，自分の問題を自分で解決できるようになってもらいたい，という思いでこの授業を設定しました。

❷ 単元（ユニット）の目標

- 子どもが自分に問題を解決する力があることを実感し，自己効力感を高めることができる。
- 授業中に肯定的な対話をすることで，子ども同士および子どもと教師の間に信頼関係を築くことができる。

❸ こころを育てる仕掛け

学校で用いやすい短期解決型のブリーフ・セラピーから「外在化」「例外探し」「リソース探し」の3つの技法を用います。

「外在化」とは問題行動を『虫』や『菌』などを比喩的に使い，問題の原因を本人や周囲から切り離して扱う方法のことです。問題の原因を探る必要はないので，心理的負担がかかりません。子どもは，安全・安心な雰囲気で問題を見つめることができます。

次に「例外」とは，うまくやれているときや状況，あるいはすでに起こっている解決の状態の一部をさします。そして，「例外探し」とは，すでに自分たちの力で行った，うまく行っている事柄，好ましい状況を探すことです。この作業で自分のよい行為やよい場面，

よいセルフイメージを想起するため，自己否定感に陥ることがなく解決の方向へ目を向けることができます。

最後に，「リソース探し」とは，問題を解決するために内的にも外的にも本人が「もっているもの」を探すことです。教師は，子どもは解決する能力をもっていると考え，問題が解決していない状態なのは，子どもに能力がないからでなく，すでにある能力が有効に使われていないからだと考えて授業を行います。この作業では，子どもが気づいていない自分の問題解決方法や能力を教師とともに引き出すことができます。そのため，子どもは自分を肯定的に受けとめ，子どもの自信を育むことができるのです。

❹ 指導上の工夫

授業では，子どもが問題解決までの流れを楽しく理解できるように，子どもが自分で書き込むワークシートを作ります。そして，ワークシートを見ながら，グループ間で話し合いが進むようにします。また，ワークシートには授業中，子どもが自分で見つけた自分の力や能力，あるいは教師が見つけた力や能力を書き込む枠を設けることによって，子どもの自己肯定感を高めるように工夫しました。

❺ 単元（ユニット）の指導計画　全4時間

1次	問題発見 外在化	自分のこころにくっついた虫に名前をつけよう どんなときに虫はやってくるの？	1時間
2次	例外探し リソース探し	虫が出てこないときはどんなとき？ どんな力？	1時間
	問題解決の実践にむけた作戦づくり	力を使って虫退治の計画を立てよう	1時間
3次	問題解決の実践を振り返ってみる	虫にはどんな力が効くのかな？	1時間

指導案① | 1時間目 | 1次

自分のこころにくっついた虫に名前をつけよう

●**教師の思いと授業のねらい，そのねらいを設定した理由**

　問題を外在化し，子どもが自分自身と自分の問題を切り離して考えることで，自己否定をすることなく自分の問題を見つめることができます。

　子どもの中には，「〜できない」と言われたり，自分でそのように感じたりすると，"自分は〜できない駄目な子である"と思い込む子がいます。しかし，それでは何も解決しません。子どもが自分の悪い部分を客観的に見つめることによって，それを失くそうという素直なこころを育みたいと思い，このようなねらいを設定しました。

●**資料（教具・教材を含む）**
- 紙芝居……74ページ　※紙芝居の台として，子ども用の低めの机を用意するとよい。
- 子ども用ワークシート……74ページ（Ⓐ，Ⓑ）　※黒板にはって書き込み方を教えられるよう，同じものを1枚拡大しておくとよい。

●**授業の工夫**
- 紙芝居を通して，虫退治するまでの過程をモデルとして見せ，紙芝居の中の友だちがどのように虫退治（問題解決）したのかを知る。

●**授業の評価の観点**
- こころにくっついた虫（問題）を見つけることができたか。

●**授業の様子や子どもたちの声**

　子どもは，自分の悪い部分の話になると「駄目な子と思われる」「怒られる」と萎縮してしまいがちです。しかし，この授業では，子どもが「イライラするからけんかする」という内容でも，「イライラ虫だ」と名前をつけ，抵抗なく見つめられました。そして，授業中は周りから否定される心配がないためか安心した雰囲気となりました。授業の終わりごろには，「みんなの心に虫はやってくるんだね。虫に負けないように退治しなくちゃ」という，のびのびと前向きに問題を解決しようという様子がみられました。

解決志向アプローチで「こころの虫退治」

	学習活動と子どもの様子	ポイントと留意点
導入	①紙芝居を使って事例を示す（Tは教師，Cは子どもの発言） T：「これからやることは紙芝居の中に隠れているので，紙芝居を見ながら見つけてください」 ②課題提起と問題発見【虫の名前つけも同時進行】 T：「今日からやるこころのお勉強は，だれのこころにもくっつく虫についてです。自分が弱いときにその虫はやってきて，こころにくっついてしまうのです。もちろん，くっつく虫はそれぞれ違います。みんなを困らせる困った虫ですね。でも虫に負けないで，だれもがやっつけられるといいなと思います」 T：「では，目をつぶって，いま自分のこころにくっついている虫，やっつけたい虫があるかどうか思い出してみてください」	・紙芝居を使って事例を取り上げ，これから行う授業の流れを示す。 ・1分間程度，思い出すための時間をとる。
展開	③こころにくっついたのはどんな虫？【問題発見・外在化】 T：「目を開けて，自分のこころにくっついている虫を書いてください。『掃除をやらない，掃除きらい虫』とか『言いたいことが言えない，言えない虫』とか簡単に書いていいです。ただし，みんなに見せてもいい問題にしましょうね」 C：「朝起きられない，寝坊虫」「片付けられない，汚い虫」「外に出ない，うち虫」「宿題やらない，めんどう虫」 ＊子どもが「直したいところがない」「わからない」と言った場合は，教師は「どんなことで怒られますか？」「何かして友だちに嫌だと言われたことはありますか？」「どんなときイライラしますか？」と質問の形を変えて聞いてみる。 ④どんなときに虫はやってくるの？ T：「その虫は，どんなときにやってきますか？どんなときに活発に動いてみんなを困らせますか？」 C：「夜遅く寝たときにやってきます」 T：「そうか。どうして夜遅く寝ることになったのですか？」 C：「テレビを観て，宿題を後回しにしたからかな」 T：「じゃあ，虫は宿題が後回しになったときが好きで，寝るのを遅くさせているのですね。困った虫ですね」	・書けていない子どもに対しては，「○○さんの直したいと思うところはどんなことですか」「ゆっくり考えていいですよ」と一対一で声をかける。 ・重い問題を出した子については，教師から「あとで先生と二人になってから一緒に考えましょうね」と後日に話す約束をする。そして，軽い問題に取り組めそうにない子どもは，無理に参加させることなく友だちのサポート役として分担してあげることが大切。
まとめ	⑤ 自己観察を促す T：「どんなときにその虫がやってくるのか，もしくは活発に動くのかを1週間見てみましょう。よく見ていたら，どんなときに虫がやってくるかわかりますよ」 T：「だれのこころにも虫がやってきて，こころにくっついていたずらするのだから，お友だちの虫を喜ばすようなことを言ったりしては駄目ですよ」	・次回の授業がスムーズに行えるように，1週間自分の行動を見ていくようにする。 ・授業後に，子どもの間で虫を使ったトラブルが起きないように注意しておく。

| 指導案② | 1時間目 | 2次 |

虫が出ないときはどんなとき？ どんな力？

●教師の思いと授業のねらい，そのねらいを設定した理由

　同じ状況でも虫が出てこないときを思い出し，虫退治ができている例外場面（問題が解決しているとき）で使っている自分の力を見つけさせます。

　子どもは「いつも～できない」と話しますが，「本当にいつもなの？毎日？」と聞くと，意外に子ども自ら問題を解決しているときがあることに気づきます。そのような自分の中の力（リソース）に気づき，自分の力を信じて自信をもってもらいたいと思い，このねらいを設定しました。

●資料（教具・教材を含む）
- 児童用ワークシート……74ページ（Ⓒ）　※黒板にはって書き込み方を教えられるよう，同じものを1枚拡大しておくとよい。

●授業の工夫
- "虫は偶然に出てこなかったのではなく，自分の力で虫を退治したんだ"というメッセージを伝える。子どもが例外の状況を具体的に詳しく思い出し，子どもが用いていたと考えられる力がたくさん書けるよう，教師がていねいに質問していく。子どもが「こんなの力じゃない」と思うような小さな事でも，じつは虫退治をするための力になっていることを伝える。

●授業の評価の観点
- こころの虫が出てこないときの様子（例外場面）を思い出すことができたか。
- 虫退治するための力を見つけられたか。

●授業の様子や子どもたちの声

　子どもは例外探しで，「自分もできていることがあるんだ」という発見をしてうれしそうでした。また，教師が子どもの例外場面の状況について詳しく聞きながら，「そう行動したことが虫をやっつける力だよ」とその子の力を見つけて投げかけると，みるみるうちに明るい表情になり自信がわいてくるのがわかりました。グループによっては「一緒にやっつける力を考えようよ」と，互いにリソース探しをしているところもみられました。

	学習活動と子どもの様子	ポイントと留意点
導入	① 1週間のこころの虫の様子を振り返る T:「この前の授業から1週間、こころにくっついた虫を観察してもらいましたが、どんなときに虫はやってきましたか？」 　「前回、その虫が出てこないようにするにはどんなことをすればいいかまで考えた友だちもいましたね。一週間の間に、自分の力で虫を出てこないようにすることができた人はいましたか？」 C:「外で遊ぶものを決めたら、うち虫が出なかった」 T:「外で遊ぶものを決めることが、外に出るのが嫌いな"うち虫"を退治する力になったのですね」 T:「みんなは気づいてないかもしれないけど、虫を出てこなくしたりやっつけたりしているときがあるのですよ」	・すでに虫退治を実行した子どもを確認する。いた場合には、「どんなことをしたのですか？」「どんないいことが起きましたか？」と答えられる範囲で聞き、「わあ、すごいですね。よくがんばりましたね」と賞賛する。
展開	② 例外探し T:「みんなのこころには、それぞれ違ういろいろな虫がくっつくことがわかりましたね。そして、それぞれに○○虫と名前もつけました。では次に、その虫は毎日やってくるかどうか考えてみましょう。毎日やってきますか？やってこないときもあるのではないですか？もしかしたら、大きかった虫が小さくなっているときもあるかもしれませんね。どんなときにその虫がやってこないのか思い出して書いてみましょう」 C:「深呼吸を3回したら、イライラ虫が小さくなりました」 ③ リソース探し T:「小さくなったとき、どんな力が虫を小さくさせたのですか？」 C:「虫が小さくなるように深呼吸をしたことかな」 T:「そうですね。深呼吸が虫をやっつける力になるのですね。虫が小さくなったとき、どんないいことがありましたか？」 C:「いばらないで話せたので、けんかになりませんでした」 ④ 問題解決に向けての作戦 T:「見つけた力をいつ、どんなふうに使えば虫をやっつけることができるでしょう？自分でいちばん使えそうな力を使って、虫退治の計画を立ててみましょう」	・子どもによってかなりの差があることに留意する。 ・黒板に指導者の例を示しておく。 ・子どもが例外場面を見つけられるようにするために、教師は子どもに対し、問題が生じる前と後の様子について、一つ一つ具体的な行動を想起できるように質問する。教師は繰り返し時間をかけて質問を投げかけ、援助していく必要がある。
まとめ	⑤ 次回の授業予定を示す T:「今日は、こころにくっついた虫を退治する力を見つけることができましたね。虫が出てこない、もしくは小さくなるようにするやり方を書いた人は、今日から1週間の間に、書いたことをやってみてください。そして、次の時間、自分で虫を出てこないようにすることができたかどうか教えてくださいね」	・一度プリントを回収し、力について一人一人に励ましのコメントを入れて返し、子どもが実践に向けてのやる気が出るようにする。

指導案③ ３時間目 ３次

力をつかって虫退治の計画を立てよう

●教師の思いと授業のねらい，そのねらいを設定した理由

「例外探し」で見つけた自分の力を，今度は生活の中で意図的に使って問題解決（虫退治）した状況を振り返り，より有効な方法を見つけさせます。

授業で見つけることができたよいセルフイメージと，問題解決できる力を実際の生活で生かしてもらいたいと思いました。また授業終了後も，子どもが自信をもって自分の心の成長を育めるようになってもらいたいという思いで，このねらいを設定しました。

●資料（教具・教材を含む）
- 児童用ワークシート……74ページ（Ⓓ）　※黒板にはって書き込み方を教えられるよう，同じものを１枚拡大しておくとよい。

●授業の工夫
- 問題（虫）を出てこなくするための力が上手に使えるように，５Ｗ１Ｈの質問で困っているときの状況を具体的に思い出して書き込み，実践しやすいようにする。

●授業の評価の観点
- 目安として１週間後，実際に力を使うことができたか。もしくは，問題解決（虫退治）することができたか。

●授業の様子や子どもたちの声

実践の様子を聞くと，「虫退治できたよ」と話す子どももいましたが，「力を使おうとしたけど上手に使えなかった」と話す子どももいました。教師が，力を使おうとしたことを大いに賞賛し，子どもがさらに具体的に力を使えるように一緒に考えながら励ますと，次第にコツがわかるようになる子どもが増えてきました。また，子ども同士の会話でも「○○さんはすぐ怒る」という相手を否定する表現から，「○○さんの怒り虫が大きくなってるよ」と注意する表現に変わったことは，とても喜ばしい出来事でした。

解決志向アプローチで「こころの虫退治」

	学習活動と子どもの様子	ポイントと留意点
導入	① 1週間の虫退治の様子を振り返る T:「この前の時間は、こころにくっついた虫が出てこないようにするには、どんなときにどんな力を使えばいいかについて考えましたね。この一週間の間に、力をつかって虫を出てこないようにすることができた友だちはいましたか？」 C:「お菓子を食べ過ぎていたけど、お菓子を手が届かないところにおいてもらうようにしたら、お菓子虫がなくなりました」 T:「おうちの人に協力してもらって、一緒にお菓子虫を退治したのですね。すごいですね」 T:「いつの間にか虫が出てこなくなった、あるいは小さくなった友だちはいますか？」 C:「気づいたら、泣き虫がいなくなりました」 T:「それはすごいですね。ではそのときの様子を話してみてください。みんなで、〇〇君の虫退治の力を探してみましょう」	・全員の前で、実行した子どもを確認し、いた場合には「どんなことをしましたか？」「どんないいことが起きましたか？」と答えられる範囲で聞き、と賞賛する。 ・虫退治できた理由がわからない子どもがいた場合は、みんなで力を探し、子どもの間でリソース探しができるようにする。
展開	②例外探し、リソース探しのおさらい T:「まだ虫退治してない人もいるから、もう一度、虫が出てこないときはどんなときかを思い出してみましょう。それから、どんな力を使ってやっつけているのかということを考えてみましょうね」「1つの虫が退治できた友だちは、またやっつけたい虫がいますか？その虫はどんなときにやってきますか？どんなときに出てこないですか？虫が出てこないときはどんな力を使ってますか？もう一度、初めから考えてみましょう」 ③実行可能な行動を具体的に書く T:「どんなときに、どんな力を使えば虫が出てこないかを考えて虫退治の計画を立ててみましょう」	・この問題の解決方法が子どもに根づくよう、繰り返し虫退治を行ってみるように促す。 ・新しい虫退治をし始める子どものために、同じ形式のワークシートを用意しておく。
まとめ	④虫退治の実行を促す T:「今日でこの授業は終わります。虫を出てこないようにすることができたけど、その虫はまたやってくることがあります。虫はなかなか手ごわい相手なんですよ。そう簡単に虫も負けたりしません。たとえば、虫に負けるくらいこころが弱くなっていたら、すぐに喜んでみんなのこころにくっつこうとします。また、虫がやってきたらどうしますか？」 C:「虫が出てこないときを思い出して、虫をやっつける力を見つけます」 T:「そうですね。だれのこころにも虫はやってくるけど、だれでも虫を退治する力は必ず持っています。虫に負けないで、自分の力をいっぱい見つけて退治してくださいね」	・今後も生活の中で活用していけるように話す。

単元指導の実際

❶ 実践の記録と成果

　この授業の実施前と実施後に,「小学生用生きがい感尺度（ＳＦＬ）」を子どもに記入してもらいました。ＳＦＬは「友人関係安定感」「教師関係安定感」「学校生活充実感」「自己有用感」の４つに関連ある質問で構成されている尺度です。この授業の結果，授業実施後はほとんどの子どもの尺度得点が上がっていました。その中でも，授業開始前の尺度得点が低い子どもたちは，他の子どもたちと比べて得点の上がる率が高かったことが，いちばんの成果と言えるでしょう（桜井, 2003）。

虫をやっつけることで自信をもてる

　この授業で，子どもは問題（虫）が外からやってくるものという発想に驚いた様子でした。ふだんの道徳などの授業では，「私はすすんであいさつができないので反省します」のように考えることが多いためでしょう。しかし，この授業では「あいさつしない虫がくっついている。本当はあいさつできるのに，虫があいさつをさせないんだ」というように名前をつけることで自分と切り離して考えることができました。この発想が，子どもの「本当はできるんだ」という自信になり，楽しく作業が進んだようです。教師も，子どもが出してきた問題に対しネガティブにとらえることがありませんでした。教師が「おもしろい名前がつけられたね」「やっつけられそうな名前だね」などと助言すると，「すぐにやっつけられる名前にしたんだ」と，問題解決への意気込みをみせる子もおり，そのようなやりとりで楽しい雰囲気となりました。

　虫退治計画づくりの時間では，かつて行った具体的な行動ではなく，理想的ではあるけれど実行が困難な行動を書く子もいました。そういう子には，「こうなるといいよね。でも，もうすでにあなたがもっている力があるはずよ」と，もう一度例外場面での状況を想起し，これまでの成功経験の中でもっていた力を見つけ直すというように「例外探し」に戻って，具体的な行動レベルで一緒に考えていきました。

　授業の終わり方ですが，「くっついている虫がたくさんいる」と話す子どもがいたので，自己否定的な感情で締めくくることがないよう「自分の問題を見つけることができたのはすごいね。一つずつやっつけていこうよ」と，賞賛と励ましをしました。このような声かけによって，子どもの意欲や自己肯定感を次回の授業に結びつけることができたように思

います。

　子どもの中には，2時間目以降の授業の際に「もう虫退治したよ」とうれしそうに話す子どももいました。そのときは「どうやって退治したの？」と成功の追求をしました。成功の追求は，さらに子どもの自己肯定感を伸ばすチャンスとなりました。また，成功の追求をほかの子どもに見える形で行うことは，その子どもの問題解決方法がほかの子どもにも共有され，より多様な解決方法を得られる機会になりました。

　最後に，この授業は4回連続で実施することが大切です。4回というのは，「起（問題の外在化）・承（例外探し）・転（リソース探し）・結（問題解決への取り組み）」の流れをしっかり押さえて欲しいからです。子どもの理解度によっては，この授業の「起承転結」を1時間の授業内で行うことも可能であると思います。

授業を終えてからの変化

　授業終了後，「○○君は掃除していない」という表現から，「○○君にくっついた掃除嫌い虫が大きくなっているよ」という表現に変わった子がいました。言われた子どもも，怒ることなく「虫退治するよ」と返していました。このような会話は，よりスムーズに"いまの自分の問題"に目を向けられることにつながりました。

　こうした考えにそって，教師も問題とその子を切り離して対話できると，さまざまな場面で子どもの自信につながるような声かけができるのではないでしょうか。子どもも教師も，互いに受容しやすくなる関係になることができるのです。

❷ 課題

　教師が最も注意しなければいけないのは，子どもがどのような問題を出してくるかということです。子どもの家庭の事情に絡んだもの，担任との軋轢，学級内でのいじめといったような問題は授業で取り扱うのにふさわしくありません。もし，子どもが重い問題を抱えており，その問題が授業中にあらわになるようであれば，やはり違う時間に個別対応できるよう準備しておく必要があります。

❸ 引用・参考文献

- 東　豊『セラピストの技法』日本評論社
- 黒沢幸子『指導援助に役立つスクールカウンセリング・ワークブック』金子書房
- 桜井美弥「ブリーフ・セラピーを適用した臨床心理学的な集団教育プログラムの開発—生きがい感の向上を通して—」平成15年度兵庫教育大学学校教育専攻学校教育研究科教育臨床心理コース修士論文

紙芝居のストーリー（一部略）

　明人君の部屋はきたない部屋です。何がどこになるかわかりません。
　明人君のこころには"めんどう虫"がくっついています。本当は，明人君はきれいな部屋が好きなのです。けれど，なぜか自分の部屋になると"めんどう虫"が明人君を掃除させなくします。
　そこで，明人君は"めんどう虫"が出てこなくて，掃除できる時を思い出してみました。
　1つめは，掃除をしているところを誰かが見ていて，ほめてもらえるときは，掃除をしているということに気づきました。2つめは，学校のように掃除の仕方を教えてもらえると掃除できていることに気づきました。
　そこで明人君は，日曜日に，お母さんにどうやって掃除をしたらいいか聞きました。すると，掃除をすることができました。"めんどう虫"を出てこなくするために，日曜日にはお母さんに見てもらうことにしました。
　それを続けるうちに，めんどう虫はいつのまにか去っていきました。

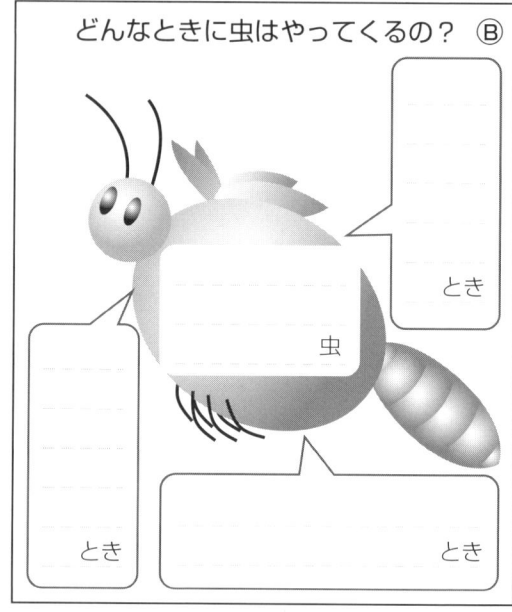

Ⓐ

Ⓑ どんなときに虫はやってくるの？
とき
虫
とき
とき

Ⓒ 虫が出てこないときは
どんなとき？　どんな力？
とき
力
とき
力
虫
とき
力
とき
力

Ⓓ 虫をたいじしよう

どんな力？	
いつ？	
どこで？	
だれに？	
どんなふうに力をつかうの？	
先生から	

郷土や環境を大切にする

達人教師の郷土愛の授業

小学校6年生　道徳　2時間

末吉　智

諸富祥彦が語る
この実践 ここがポイント！

■郷土の問題解決授業■

　末吉先生は，私が千葉大学に来て３年目ぐらいの，比較的初期に長期研修生としてこられた先生です。道徳資料作りのトップクラスの腕前を持っておられる方です。つねに安定感のある授業を実践されていて，非常に信頼できる方です。

　今回の実践では，郷土に対する自分たちの思いを育んだり，郷土の抱えている問題についてみなで共有し解決能力を育む授業を展開しました。

　１時間目では，地元勝浦漁港のゴミのポイ捨て問題を取り上げ，これを解決する方法を全員に考えさせています。一般的な授業でもこの程度は取り組みますが，末吉先生はさらに，それぞれが考えた解決策に欠点はないか，不十分なところはないかを考えさせています。ここで使われた資料は，子どもたち１人１人が，郷土が抱える切迫した問題に向き合うことができるリアルなものとなっています。

■道徳授業におけるディベートの展開■

　２時間目は，勝浦の野生動物と住民の生活をテーマに，ディベート的な話し合いの授業を展開しました。道徳の授業でディベートを取り入れる場合には，リアリティのある問題を切迫した形で提示することが大切です。ここに失敗するとディベート的な話し合いは成立せず，子どもたちも真剣に考えるにいたりません。ディベート的な話し合いを導入するのは，いったん自分の立場から離れ，別の視点に立つことで多角的にものごとをとらえられるようにするためです。しかしAかBかのような二者択一に終始せず，話し合いの最後にディベートでの立場を解除し，自分自身の判断を行います。というのも，道徳の授業では自己選択や自己決定の要素が欠かせないからです。自分なりの主張や理由づけがあって，選択・決定します。ここが道徳と教科の授業が違うところです。

単元全体の計画

6年生 | **道徳** | **2時間**

郷土を知って好きになろう

末吉　智
勝浦市立行川小学校

❶ 単元（ユニット）設定の理由

子どもたちは，郷土に生まれ郷土で育ち大人になっていきます。その過程で，郷土の自然や文化，社会や人々とさまざまなかかわりをもちながら，郷土への理解を深めていきます。同時に，郷土を大切に思うこころを育んでいくのだと考えます。

しかし，子どもたちの生活は郷土とのかかわりが希薄になってきており，諸行事への参加も消極的で，学校側から働きかけをしてもなかなか参加しないのが現状です。いずれ，進学や就職のために郷土を離れていく子どもたちに，郷土に関心をもち，好きになってほしいと考えました。

そこで，郷土の自然環境を素材に，道徳の時間に活用できる資料の作成を試みました。

❷ 単元（ユニット）の目標

・郷土のよさを知り，積極的にかかわっていこうとする心情を高める。

❸ こころを育てる仕掛け

本実践では，「価値の明確化」方式の授業を行い，子どもたちに自分で問題を発見し解決する力を育もうとしました。それは，近い将来，安易に答えの出ない複雑な問題に直面することが多くなる子どもたちに，自分で考え，意志決定を行う力を身につけさせることは大切なことだと考えたからです。

作成した資料は，フィクションではなくノンフィクションであるため，子どもたちを本気にさせます。なぜなら，子どもたちの身近で現実に起きている事象であるからです。資料から，郷土のおかれた現状から問題を発見し，自分の力で思考・判断し，話し合い解決策を探ることになります。それらの思考や話し合いは，郷土のため，郷土に生きる自分たちのために行うので，子どもたちに郷土を大切に思うこころが育つと考えられます。

❹ 資料作成および指導上の工夫

「意志決定力」を子どもたちに育むため，道徳の時間を使って，郷土で起きている諸問題についてそこで生活する人に取材をしたり，関係諸機関に問い合わせたり，新聞や雑誌から情報を収集・分析・整理したりする活動を行いました。また，できるだけ公平な立場に立ち，客観的な見方や考え方で資料作成を行うよう心がけました。以下のように，資料作成から授業へと運んでいきました。

〈資料作成の手順〉

①テーマ（視点）を決め，資料を収集する。	・子どもが興味・関心を示す素材であり，教師のねらいに合ったものであること。
②集めた資料を整理する。	・いくつかの視点を決め，整理する。（例えば環境，福祉など）
③素材を道徳の資料に加工する。	・育てたい子どもたちのこころ（ねらい）を考え，時間内に消化できる内容に加工する。（情報量や難易度も考慮）
④作成した資料で，授業の構想を練る。	・作成した資料から，発問や指示などの骨子を考え，子どもたちの反応を予想し，1時間の流れを考える。
⑤資料を修正・改善する。	・資料がねらいを達成できるように，修正・改善を加える。

「郷土愛」を育てる視点として，①郷土にふれること，②郷土を理解すること，③郷土について考えることなどがあげられます。ここでは，②，③の視点から，それを自分にとっての郷土という視点から考えさせることが大切になります。子どもたちが，そのような自覚を生むように資料の作成および授業構成を工夫する必要があります。

作成した資料から，郷土で起きている事実を知り，そこから問題を発見し，解決策を探ることができるように発問・指示を構成します。また，子どもたちの思考を広げたり，深めたりできるような，指導の工夫や補助資料を用意しておきます。

授業では，自分の考えや感じたことを書き込むことができ，思考を整理できるようなワークシートを作成し，話し合いがスムーズに進むように工夫します。

❺ 単元（ユニット）の指導計画　全2時間

1	ゴミのポイ捨てに怒り	1時間（道徳）
2	勝浦の野生動物と人間の生活	1時間（道徳）

指導案① 　1時間目

ゴミのポイ捨てに怒り

●教師の思いと授業のねらい，そのねらいを設定した理由

　勝浦市は，首都圏に近いこともあり，美しく豊かな海が漁業の町・観光の町として古くから栄えてきました。しかし，近年のレジャーブームから釣り客が急増し，深刻なゴミ問題が起こってきたのです。釣りは，勝浦を代表する観光レジャーであるため，簡単には釣りを禁止にできません。そこで，子どもたちに「釣りを禁止」しないで漁港をきれいにする方法を考えさせることで，郷土を見つめ直してほしいと考えました。

　ワークシートに，釣りを禁止にしないで勝浦漁港をきれいにする方法をいくつか考え書かせます。そして，考えた方法が有効であるかどうか話し合い検討することで，どうすることがよいのかに気づくことができます。

●資料（教具・教材を含む）
- 読み物資料「ゴミのポイ捨てに怒り」……84ページ
  ※学研　千葉県版　5年道徳副読本『あなたならどうする』に掲載
- 勝浦漁港のビデオ
- 汚れた勝浦漁港の写真
- 児童用ワークシート1枚……85ページ

●授業の評価の観点
- 釣り客の意識を変えないかぎり，問題解決にはならないことに気づくことができたか。

●授業の様子や子どもたちの声

　授業では，「罰金を取る」「監視人をおく」「ゴミ袋の配布」「監視カメラの設置」など，勝浦漁港をきれいにする方法を本気になって考え，発言していました。また，子どもたちから出された解決策すべてにおいて，欠点や問題点が指摘されました。それでも，教師の「土曜や日曜は，学校の校庭におやつを持って遊びに来ている人がたくさんいますが，月曜日の校庭にはゴミが落ちていないのはなぜでしょう」という問いかけから，問題解決への手がかりを見つけることができました。

達人教師の郷土愛の授業

	学習活動と子どもの様子	ポイントと留意点
導入	(1) 勝浦漁港の様子をビデオで視聴し，話し合う。 ①勝浦は，漁業の町，観光の町としてこれまで発展してきましたが，観光客が増えたことにより困ったことが起きてきました。なんだと思いますか。 ・交通渋滞や違法駐車 ・ゴミ問題	・さまざまな問題が出されることが予想されるが，ここではゴミ問題が深刻な問題になっている現状をおさえる。
展開	(2) 資料を読み，話し合いをする。 ②漁師さんは，何を怒っているのですか。 ・ゴミのポイ捨て ・釣り客のマナーの悪さ ③問題を解決するために，これまでにどんなことを行ってきましたか。 ・看板などで注意したり，清掃したりした ・フェンスを取りつけた ④しかし，あまり効果がないようです。組合の人は「釣り禁止にしたいくらいだ」と言っていますが，「釣り禁止」にできない理由があるようです。それは，なぜだと思いますか。 ・釣りを禁止にすると観光客が減ってしまう ・観光客が減ると商売ができなくなる ⑤「釣り禁止」にしないで，漁港をきれいにする方法はないか，考えてみましょう。 ・きまりをつくり，罰金をとる ・監視人をおく ⑥考えた方法には，欠点や都合の悪いことはありませんか。 ・罰金をだれがとるのか ・監視人がいないところが汚れないか ⑦それ以外に，漁港をきれいにする方法はないだろうか。 ・釣り客がマナーを守り，ゴミを持ち帰る ⑧ゴミを捨てられて困っているのは，漁業関係者だけではありません。なんだと思いますか。 ・海に生きる生き物（亀や水鳥など）	・被害の事実を確認し漁業関係者の苦労や問題の大きさ・深刻さをおさえる。 ・さまざまな取り組みを行うが，これといった効果がみられない現状を知る。 ・簡単に「釣り禁止」にできない事情を観光の町，お客相手の商売であることに気づかせる。具体的にどんな人が困るか，考えさせる。 ・一人で考えられない子には，助言を与えたり，友だちと相談したりさせる。 ・どんな方法にも欠点があることに気づく。 ・釣り客一人一人がゴミをださないことが大切であることに気づく。
まとめ	(3) 本時の学習のまとめをする。 ⑨学習して考えたことや感じたことを発表しよう。	・学習の感想を発表し合い，まとめとする。

指導案② 2時間目

勝浦の野生動物と人間の生活

●教師の思いと授業のねらい，そのねらいを設定した理由

　人間の生活を脅かす野生動物が，自分たちの身近なところで有害鳥獣として駆除されている事実を他人事ではなく，自分の問題として考えてほしいと思いました。有害鳥獣である猿や鹿は，愛らしく子どもたちの人気ものでもあります。しかし，農家の人や被害にあっている人にとっては深刻な問題なのです。その事実を直視させ，解決の方法を探らせようと考えました。

　ディベート的手法を活用し，論題「野生動物は，殺されてもしかたがない」で，賛成派と反対派に分かれ，それぞれの立場から討論することで，両者の立場を理解しながら平和的な共存の道を探ることができます。

●資料（教具・教材を含む）
- 読み物資料「勝浦の野生動物と人々の生活」
- 児童用ワークシート1枚……85ページ
- 補助資料　①有害鳥獣事業の推移（勝浦市）　②毎日新聞記事「射殺から生け捕りへ」

●授業の評価の観点
- 人間と野生動物の共存への道を探ることの大切さに気づくことができたか。

●授業の様子や子どもたちの声

　賛成派，反対派それぞれの立場から，活発な意見が出されました。人間サイドからは「被害にあっても補償されないので，生活できない」や，野生動物のサイドからは「自然を壊して動物を絶滅の危機に追い込んでいるのに…」など，切実な問題を正面から真剣に考えていました。

　授業の終盤では，野生動物と人間のすみ分けなどの，両者が平和的に共存できる方法を探る意見が出されました。野生動物の存在を傍観者的にみるのではなく，自分たちの生活と関連させて考えることができるようになりました。

達人教師の郷土愛の授業

	学習活動と子どもの様子	ポイントと留意点
導入	(1) 資料を読み概要を確認する。 ①野生動物が駆除されるのは，なぜでしょう。 ・田畑の農作物を食い荒らすから ・山林の木を枯らしてしまう	・野生動物が駆除されるまでの経緯と，野生動物と農家の対立の立場を確認する。
展開	(2) 話し合いをする。 ②「野生動物は殺されてもしかたがない」という論題で話し合いましょう。 ・賛成派の意見の発表（農家の立場） 「田畑の被害やヒルやダニを運んできたりして，安心して生活ができない状態なので，殺されてもしかたがない。また，サルやシカ，イノシシなどは生息数が増加しているので，殺して減らすしか方法はない。一刻も早く農家の不安をなくしてあげたい」 ・反対派の意見の発表（野生動物の立場） 「人間の都合で野生動物の命を左右するのはおかしい。田畑を荒らすようになったのは，もとをたどれば人間のためではないのか。野生動物だって，厳しい自然の中で必死になって生きているんだ」 ・作戦タイム ・反対派からの質問や意見 ・賛成派からの質問や意見 ・それぞれの論をまとめる ・立場をはなれて，自由に自分の考えを発表する。 「人間と野生動物が仲よく暮らしていく方法はないのだろうか」	・話し合いのルールや手順を確認し，あくまでも勝敗にはこだわらないことを確認する。 ・自分の立たされた立場から論題を考え，相手を納得させるような根拠を考え，ワークシートに書く。 ・相手の主張に対する質問や意見をグループ内で相談してまとめる。 ・互いに十分に主張を聞いた後で，賛成派，反対派の意見をまとめる。
まとめ	(3) 教師の話を聞き，本時のまとめをする。 ③教師の話を聞く。 ④本時のまとめや感想を書き，発表する。 「人間と野生動物の共存できる方法を考えていきたい。勝浦にいつまでも野生動物がすめるようにしたい」	・人間と野生動物が共に生きていけるような道を考えさせるような話をする。

単元指導の実際

❶ 実践の記録と成果

1時間目の「ゴミのポイ捨てに怒り」では，子どもたちにリアルな問題意識を与えることができ，「自分にかかわる問題」として，真剣に解決策を考えさせることができました。それは，子どもたちの身近で，しかも切実な問題であったからです。

授業の中心場面では，「『釣り禁止』にしないで，漁港をきれいにする方法はないだろうか」と問いかけ，漁港をきれいにする方法を自分で考え，ワークシートに書かせました。その際，できれば3つ以上考えてほしいとつけ加えました。

話し合いでは，「罰金を取る」「監視人をおく」「ゴミ箱を数メートルおきに置く」「ゴミ袋を配る」「釣りを制限する」「監視カメラを設置する」などさまざまなアイディアが出されました。このことからも，子どもたちが本気になって考えたことがうかがえます。

次に，出されたさまざまなアイディアについて，「欠点」や「困るであろうこと」はないか考えさせました。すると，すべての方法について「欠点」や「困るであろうこと」が指摘されました。「罰金を取る」に対しては「風で飛んだビニール袋の場合，捨てたのかどうかでもめるのではないか」，「ゴミ袋を配る」に対しては，「かえってゴミが増えるのではないか」などの欠点が指摘されました。

自分たちの考えたアイデアは，本当に有効かどうか再吟味した結果，多くの問題点があることに気づき，問題解決の困難なことを感じたことだと思います。

そこで，「土曜や日曜になると，学校の校庭で遊んでいる人がたくさんいます。中にはお菓子やお弁当を持ってくる人もいます。でも，月曜の朝の校庭は，いつもきれいになっているのはなぜでしょう」と問いかけると，「焼却炉やゴミ箱に捨てるから」「ゴミを持ち帰るから」「みんなが気をつけているから」といった答えが返ってきました。ここで，一人一人がゴミを処理し，マナーを守ることで勝浦漁港をきれいにすることが可能であることに気づいたのです。

2時間目の「勝浦の野生動物と人々の生活」も，1時間目と同様に，子どもたちの身近で起きている問題を取り上げました。そのため，有害鳥獣として駆除される野生動物と，日常生活を脅かされる農家の人の苦悩を，両者の立場から真剣に考えさせることができました。表面的な薄っぺらな話し合いに終わらないように，ディベート的手法を取り入れ，

論題「野生動物は殺されてもしかたがない」で話し合いを行ったためだと考えます。

授業の中心場面では，学級を均等に賛成派・反対派に機械的に分け，それぞれの立場から論拠となることをワークシートに書かせました。そして，賛成派から反対派の順で意見を発表させていきました。ふだんの話し合いより活気があり，グループ内での協力も積極的でした。それは，ゲーム的な要素があり，勝敗を意識した論争，つまり言葉のボクシングが話し合いの中で行われていたからであると考えます。

授業の後段は，機械的に与えられた賛成派・反対派の立場を解除して自由に自分の考えを発表させました。すると，「農家の人の気持ちもわかるけど，動物を殺さない方法を考えてほしい」「動物の集まる山には，人間は手を加えない」「人間と動物が仲よくすることができるといい」など，平和的な共存の道を探ることの大切さに気づいた意見が出されました。

まとめでは，佐賀県の農家の人の話「白菜を食い荒らすコオロギに餌を与え，被害をなくす」や，広島県の山間部に生活する人の話「熊とと人間のすみ分け」を紹介し，問題の解決の糸口となるようにしました。授業後の子どもたちの感想には，「やっぱり，人間の生活のほうが大事だと思うから…」と自分の考えに固執する子どももいましたが，人間と野生動物の両者の立場を理解したものが出されました。

❷課題

1時間目の授業は，45分ではどうしてもオーバーしてしまうので，60分で計画したほうが，問題に対してじっくりと考えることができるように思われます。あるいは，発問を吟味し，余分なところは割愛する方法も考えられます。また，総合的な学習や各教科，学級活動などとリンクして，総合テーマ（例）「勝浦の自然を守ろう」のもとで行うことで，その後の学習を発展させ，主体的な学習を促すことができます。

2時間目の授業でも同様のことが考えられるでしょう。学級の実態を考慮し，ディベート的手法を用いるよりもエンカウンターの聴き合い活動を取り入れることも有効です。

❸引用・参考文献

- 千葉日報新聞記事
- 毎日新聞夕刊記事
- 勝浦市農林水産課「有害鳥獣駆除の推移」
- 勝浦市の広報誌
- 鈴木健二『ノンフィクションの授業』明治図書

ゴミのポイ捨てに怒り

　きれいな海と絶好の釣り場として一年中，釣り客でにぎわう勝浦の漁港。最近は，家族連れが増え，休日ともなるとあふれるほどの人である。

　勝浦市観光商工課の調べによると，市の年間の観光客人数が昭和55年に11万人だったのが，平成5年には26万人に急増しているのである。近年は，東京や神奈川など遠方からのお客が目立つようになっている。

　休日の朝方や夕暮れには，次から次へと人が押し寄せ，堤防はあっという間にいっぱいになってしまう。釣り客は，お弁当のほかにコーヒーサイフォン，なべまで持ってくる人もおり，最近の異常な人気がうかがえる。

　しかし，釣り場一帯ではこころない者のゴミのポイ捨てがかってに行われ，その様子は目をおおうほどのひどいものである。ゴミは，弁当箱やビニール袋，空き缶や空きビン，さらには魚をおびき寄せるためにまく，まき餌，電気うきに使う小さなガス管などがある。

　このまき餌は，アワビやサザエのいる磯にヘドロとなってたまっており，アワビやサザエの成長をじゃましている。なかでもアワビは最近，急激に減ってきており，採れなくなってしまうのではないかと心配されている。また，コンクリートの上に捨てられた物にはウジがわき，そのにおいもひどいようだ。

　かつて，捨てられたガス管が爆発し，けが人がでたこともあったという。

　さらに，投げ釣りによる釣り糸でエビ網が切られるという被害も目立つようになり，たまりかねてフェンスを張り巡らすが効果の方はいまひとつである。

　問題は，ますます深刻化している。

　防波堤に捨てられたゴミは，風によって知らず知らずのうちに海へ飛ばされていくのである。こうして環境汚染が進んでいくのである。

　こういった状況の中，漁業協同組合員や同婦人部は，定期的に清掃活動を行っているが，あまり効果がない。ぼう大なゴミを仕分けして，清掃工場へ運ぶというむだな重労働をさせられているのである。

　これまでに行ってきた看板やペンキで書いた忠告の文字は，まったくききめがなく，ゴミ置き場も無視をするというマナーの悪い釣り客が後をたたない。

　勝浦漁業協同組合員の一人は「釣りは，いわば勝浦を象徴する代表的なレジャー。しかし，マナーは本当にひどく，こうなれば釣りを禁止にしたいくらいだ」と怒りの声を発している。

（平成6年千葉日報新聞記事を改作）

「ゴミのポイ捨てに怒り」

名前

① 「釣り禁止」にしないで勝浦漁港をきれいにする方法はないだろうか。

方法	
1	
2	
3	
4	

② 学習のまとめ（考えたこと・感じたこと）

「野生動物と人間の生活」

名前

野生動物は、殺されてもしかたがない。

立場

理由

【反論】聞きながらメモしよう。

疑問に思うところやおかしいと思うところ／理由

立場をはなれて（感想）

「勝浦の野生動物と人間」 （自作資料）

　勝浦市は房総半島の南部に位置し，目の前には太平洋が広がり，水産業の盛んな町です。また，海岸線近くまで山が迫ってきており，その山には，シカやサルなどの野生動物が生息しています。平成6年には，勝浦市ではいなくなったとされていたイノシシの生息が確認されました。その他にも，キョンやアナグマなどの野生動物が生息しているそうです。

　美しい豊かな自然が残されているからこそ，めずらしい野生動物が数多く生息しているのでしょう。でも，それだけではないのです。かつて，シカやイノシシは，山林の開発ですみかを追われたり，毛皮や肉を目的とした狩猟のために絶滅も心配されたそうです。そこで，野生動物を長い間大切に保護してきたのです。

　しかし，野生動物が増えたことによって，十数年前から問題が起こってきました。それは，野菜やお米などの農作物を食い荒らしたり，植林したばかりの若木を食い枯らすなどの被害が多くなってきたのです。そればかりでなく，人家の屋根をこわしたり，家の中に入りいたずらをしたりと，人間の生活をおびやかすようになったのです。ですから，地域住民にとっては深刻な問題なのです。

　県では，シカの場合，被害の大きくなった昭和61年より生息数や頭数を調査し，決まった数だけ狩猟を許してきたそうです。それでも減らない被害に，農家の人は，田畑の周りを柵や網でかこったりしています。これも農家にとっては大きな出費になります。

　被害にあわれている農家の人は次のように話しています。

　市内のHさん

「農業をやっているのがお年寄りなので，被害が大きくなってからは農業をやめていく人が出てきました。シカは，農作物を食べるだけでなく，ヒルやダニを運んできます。山に入り，ヒルに血を吸われた人もたくさんいます。ですから，気持ちが悪くて山に入りたくありません。このままでは，安心して生活もできません」

　となり町のSさん

「被害をうけても災害のように補償がきかないので，どこからもお金をもらうことができません。家の周りを柵でかこってあるので，まるで人間がおりの中で生活しているようで不便です。県や町に増えてきたシカやサルの数をもっと減らしてほしいです」

　山にいるはずの野生動物が，なぜ田畑を荒らすようになったのでしょうか。その原因は，人間が山を切り開き，道路やゴルフ場をつくったり，スギやヒノキなどの人工林を植え，実のなる雑木林が減ってしまったからではないか，と考えられています。

　世界で最も美しいとされているニホンシカや限られた地域にしか生息しないイノシシなどの野生動物を生かすことはできないのでしょうか。

有害鳥獣駆除事業のうつりかわり（勝浦市）

平成	駆除頭数			被害額（千円）			
	猿	鹿	猪	猿	鹿	猪	合計
7	43	50	0	5197	4932	0	10129
8	61	55	14	5514	5389	0	11903
9	26	55	24	6465	5383	2546	14394
10	61	39	48	5603	5603	2834	14040
11	49	55	70	7009	5796	3010	15815
12	42	60	90	6377	3340	3145	12862
13	66	58	206	5688	3629	3220	12537

郷土や環境を大切にする

コンセンサス学習を生かした環境教育

小学校5年生　道徳・学活　5時間

関　弘子

諸富祥彦が語る
この実践 ここがポイント！

■評価に値するテーマ設定と工夫■

　関先生の着眼点のすばらしさは，合意形成能力を育むためのテーマとして環境問題を取り上げた点です。

　環境問題を扱うためには，わたしたちひとりひとりのエゴを打ち壊し，それを乗り越えて地球全体のことを考えなくてはなりません。ですから，おのずと授業内容はシビアなものになります。また環境問題というのは，自分側の利害と対立する集団や文化圏，世代に属する人の立場に立たなければ，その本質がみえてきません。このように，環境問題は他者の立場に立って物事を考えるトレーニングの格好のテーマと言えます。

　また関先生は，子どもたちがこの大きな問題を具体的にリアルに実感できるよう，神の国ツバルが沈むのを防ぐ方法を考えるという設定を用意しています。こうした工夫もうまいところです。

■コンセンサス学習とはシビアな学習法■

　コンセンサス学習では，単に自分の意見を主張するのではありません。相手の主張をよく聴き，折り合ったり調整したりして，譲れるところは譲り合わなくてはなりません。しかし譲れないところは話し合いを進め，妥協点を見いだしていくのです。意見が対立するときには，なぜ相手が自分の意見に賛同できないのかをしっかり理解しなければなりません。相手の考えを理解しなくては，説得することも不可能だからです。こうした過程で，相手の立場を理解する力が培われるのです。

　コンセンサス学習を行ううえで気をつけたいのは，じゃんけんや多数決などで意見を決めないこと。そして，話し合いの能力が低くても安心して自分の意見を言える雰囲気づくりに教師が努めることです。

| 単元全体の計画 | 5年生 | 道徳 学活 | 5時間 |

宇宙船地球号
―一人一人ができること―

関 弘子
千葉県長柄町立水上小学校

❶ 単元（ユニット）設定の理由

　子どもたちが未来を生きていくためには，自分も相手も大切にしたコミュニケーションで，よりよい解決方法を話し合っていく姿勢を身につけることが求められます。しかし，子どもたちは高学年になるほど進んで意見を言わなくなる傾向があります。自分の気持ちをうまく表現できず，いやなときでもはっきりと断れません。

　私が調べたところ，話し合いのときに，クラスの約4割は，自分の気持ちや考えが大切にされなかったと感じていました。意見が違ったときに，みんなの意見を調整できる子は約3割，よい解決方法を考えることができる子は約2割でした。

　だれもが自分の考えを相手に伝え，グループ内の意見を調整して，納得するような結論に近づけられる（合意形成）話し合いの場を考えたいと思いました。

❷ 単元（ユニット）の目標

- 環境サミットで話し合われた地球規模の環境問題について知り，解決策を考える。
- グループでの話し合いの中で，相手を大切にしながら自分の考えを表現できるようにする。

❸ こころを育てる仕掛け

　単元の最初に，自分も相手も大切にした自己表現をめざす「アサーショントレーニング」の考え方を取り入れ，コミュニケーションの大切さとその方法に気づくようにしました。

　後半では社会的な問題に向かい合わせる資料を開発し，グループワークによる話し合いの場を設定して，互いの意見を尊重し合いながら，よりよい解決策を考えることができるようにしました。

コンセンサス学習を生かした環境教育

❹ 単元（ユニット）の指導計画　全5時間

意識の流れ	合意形成	自己信頼・自尊感情
人とさわやかな話し方ができるかな。	第1時　学活「この人どんな人？」 ○受け身的・攻撃的・自分も相手も大切にするという，3つの自己表現を知る。	帰りの会 「今週できるようになったこと」 成長した部分を伸ばすことができる。
相手のことを非難しないで自分の気持ちを言えばいいんだな。	第2時　道徳「何で来なかったの？」 2—②思いやり・親切 ○相手を非難しないで自分の気持ちを伝える「私メッセージ」を知る。	帰りの会 「私のいいところ」 自分のいいところを見つけ，認める気持ちを育てる。
はっきり言えて気持ちがすっきりした。	第3時　道徳「わたしってだれ？」※ 1—(6)個性尊重 ○ありのままの自分を見つけ，認める気持ちを育てる。 ○心のノートP.30・31 「自分を見つけ，みがきをかけよう」 ○授業展開 1　好きなものをカードに思いつくだけ書く。 2　グループでカードを仲間分けする。 3　カードをランクづけする。	（自己信頼） 私には失敗や短所などもあるが，それをひっくるめてこの自分を私なりに大切にしていこう。
自分の意見を聞いてくれるとうれしい。	第4時　道徳「ごみを考える」 （自作資料・千葉日報一部改作） 3—(1)自然愛・環境保全 ○市のごみ袋の値上げについて話し合い，地域の環境について考える。 国語「地球環境について考えよう」 地球環境の視点から生活に目を向ける	帰りの会 「友だちにほめ言葉のプレゼントをしよう」 ○友だちのよいところを表現 ○受け取る
人によってさまざまな考えがあるな。	第5時　道徳「神の国ツバル」 3—(1)自然愛・環境保全 ○温暖化の影響からツバルの人々を助けるためのさまざまな意見を検討し，自然環境を守る大切さに気づく。 ○心のノートP.61 「生きているんだね　自然とともに」 総合的な学習 森林破壊など各自テーマを決めて調査活動をし，発表する	

※第3時の展開は，白石孝久『「自分」が「自分」を育てるライフスキル学習の授業』を参考にした。

| 指導案① | 1時間目 |

この人どんな人？

●教師の思いと授業のねらい，そのねらいを設定した理由

　子どもたちは，日常生活の中で，相手に「ありがとう」と感謝の気持ちを表すことはできますが，悔しい気持ちを表したり，「いやだ」と断ったりすることが苦手なようです。友だちを大切にする気持ちが大きいためだと考えられます。しかし，意見があわないときにかっとなって，自分を押し通す攻撃的な表現をしてしまうこともあります（下記参照）。

　相手の言い分にもよく耳を傾けつつ，また，自分の気持ちや考えも素直に表現するような話し方のスキルを身につけさせたいと考えました。

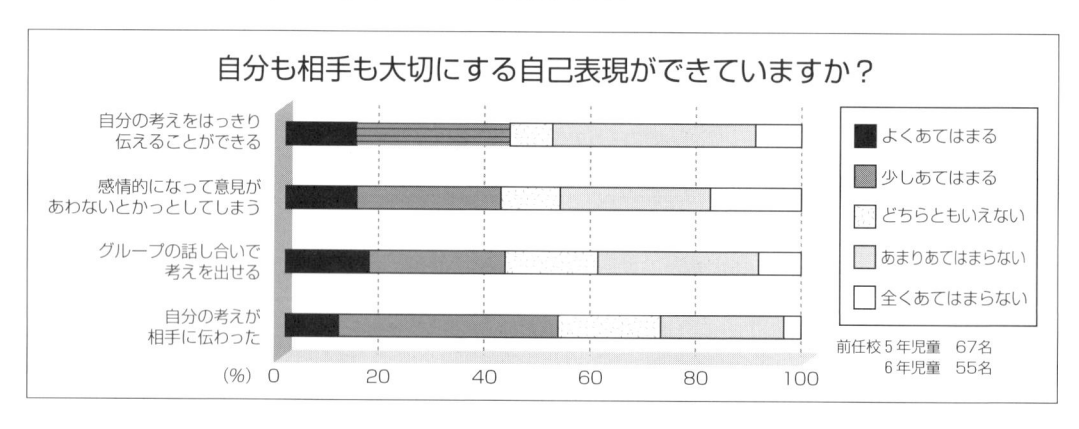

自分も相手も大切にする自己表現ができていますか？

- 自分の考えをはっきり伝えることができる
- 感情的になって意見があわないとかっとしてしまう
- グループの話し合いで考えを出せる
- 自分の考えが相手に伝わった

凡例：よくあてはまる／少しあてはまる／どちらともいえない／あまりあてはまらない／全くあてはまらない

前任校5年児童　67名
6年児童　55名

●資料（教具・教材を含む）
・場面設定を掲示する模造紙
・Aさん，Bさん，Cさんのネームカードを首からかけるようにしたもの
・ふせん紙（3人の特徴を書いて掲示）　　・児童用ワークシート

●授業の評価の観点
・3人の話し方の特徴に気づき，どのような話し方がいいか考えることができたか。

●授業の様子や子どもたちの声
・A，B，C 3人の特徴を付箋紙に書いて黒板にはる作業は，全員参加する手だてとなります。自分のことを振り返るよい機会になったと感想に書かれていました。

	学習活動と発問	ねらいにせまる手だて
導入	①活動のねらいを知る。 「人と話すとき、どのような話し方がいいのか考えていきましょう」	・目を閉じて昨日１日の出来事を振り返り、だれとどんな会話をしたか思い出す。 ・黒板に状況設定を掲示し、場面の様子を把握することができるようにする。
展開	②資料を読み、役割演技をする。 「３人の違った話し方を読んで、どんな違い、特徴があるか、相手はどんな感じになるか、隣同士でやってみましょう」 ③Ａさん（受身的）、Ｂさん（攻撃的）、Ｃさん（アサーティブ）の特徴を考えてワークシートに記入する。 「３人は一人一人ずいぶん違う話し方をしていましたが、自分が感じたＡさん、Ｂさん、Ｃさんの特徴を書きましょう」 ④３人の呼び方を考えて、特徴をおさえる。 「３人の特徴をみて、呼び方を考えましょう」 ⑤自分はどんな話し方をしていたか、チェックリストで評価する。 「自分は３つの話し方のどの人の話し方をしているか、自分ならこうすると思われるものを選んで○をつけましょう」	・代表にみんなの前で演じてもらうことにより、３人の話し方の違いを感じ取らせる。 ・ワークシートの中にそれぞれの話し方について、違い、特徴、相手の気持ちなどで感じたこと、気づいたことを書くように助言する。 ・書いた中からいちばん合うと思う言葉を選び、ふせん紙に書いて黒板に掲示する。 ・ドラえもんの登場人物にたとえると特徴をつかみやすいことを助言する。 ・クラスで考えた呼び方を掲示し、ワークシートにまとめる。 ・チェックリスト（本稿では省略）の左側に書いてある問題を読んで、自分ならこうすると思われるものに丸をつける。 ・得点を合計し、自分の傾向を知ることができるようにする。
まとめ	⑥学習を振り返る。 「３つの話し方について振り返ってみましょう」	・振り返りを記入することにより、だれの心の中にも３つの話し方をする３人が住んでいることを知り、さわやかな話し方をしようとする意欲をもたせる。

「この人どんな人？」ワークシート

1　Ａさん，Ｂさん，Ｃさんは，どんな話し方の特ちょうをしていましたか？
　　３人のそれぞれの話し方について，感じたことを書きましょう。

　　　Ａさん　　　　　　　　　　Ｂさん　　　　　　　　　　Ｃさん

2　感想を書きましょう。

| 指導案② | 5時間目 |

神の国ツバル

●教師の思いと授業のねらい，そのねらいを設定した理由

　グループの話し合いの場で，だれもが自分の考えを相手に伝えることができ，一人一人の考えが生かされることを体験することで，少数の意見も大切にしていこうとする意識を育てたいと考えました。そこで，各教科や総合的な学習との関連も考えて，環境問題を扱った資料「神の国ツバル」を作成し，それに基づく討論の場を設定しました。

　2002年に開かれた環境サミットでは，地球規模の環境問題に対する行動計画が話し合われました。未来を担う子どもたちに，この大きな課題について認識を深め，解決に向けて取り組んでいく姿勢を育てたいという願いもありました。

●資料（教具・教材を含む）

- 一枚絵……海に浮かぶ島の大きな写真（素材辞典Vol.40〈海・南の島編〉データクラフト社）
- キーワードを示した短冊　・世界地図（位置確認に使用）　・解決策を書くカード

●授業の工夫

　自分の考えを持ち，2人組から小グループへ，クラス全体へと話し合いを広げていく。

基本的な展開の仕方（第4時，第5時）

1. 見聞きしたことに関する感想をカードに書く（ふせん紙使用）。
2. グループでカードを集め，並べて順番にひいていく。賛成できないカードはもとにもどす。
3. 2人組になり，なぜそのカードを選んだか説明する（自分のカードは1枚までとする）。
4. 2人組で考えをつくり出す。
5. もとのグループになり，2人組の考えを説明する。
6. グループ全体の考えをつくり出す。

（G・パイク，D・セルビー共著『地球市民を育む学習』明石書店　P192，193参照）

●授業の評価の観点
- ツバルを救うための方法を多様な視点から考え，地球環境を守る大切さに気づいたか。

●授業の様子や子どもたちの声
- 資料を豊富に用意し，活用方法を工夫したため，解決方法を意欲的に話し合うことができました。授業後「本気で温暖化のことを考えました。ほかの温暖化で困っている国をどう助ければよいか調べていきたいです」という声も聞かれました。

	学習活動と発問	ねらいにせまる手だて
導入	①地球温暖化による影響について考える。「環境サミットでも地球温暖化が話題となっていました。どんな影響があるでしょう」	・温暖化による影響を視覚に訴え，資料への関心を高める。 ・ツバルの位置を地図で確認し，写真やキーワードとなる言葉を掲示することにより，海面上昇についての理解を助ける。
展開	②資料をもとに，ツバルの人たちはどうしたらいいか考え，グループで話し合う。「ツバルの人たちを助けるにはどうしたらいいかツバルについての考えをカードに書きましょう」「グループでカードを集め，自分が賛成できるものを3枚選びましょう」「2～3人のグループに分かれて納得できる考えをつくりましょう」 「もとのグループになり，グループ全体の考えをつくり出しましょう」 「グループごとの結果を聞いて，気づいたことを発表しましょう」	・1人3枚カードを配り，異なる解決方法を考えつくだけカードに記入するよう助言する。 ・1枚のカードには1つの考えを簡潔にはっきりと書くように助言する。 ・6人グループになり，カードをトランプのように混ぜてから1人ずつ引く。 ・サブグループに分かれて，互いにカードを読み上げ，なぜそれを選んだか説明する。互いの考えを合成して，納得できる考えをつくり出すようにする。 ・もとの6人グループになり，サブグループで合成した考えを説明し合ってから，グループ全体の考えをつくり出すようにする。多数決を避け，みんなが納得するまで話し合うよう助言する。 ・グループによる考えの違いに気づき，よりよい解決方法について考えるようにする。
まとめ	③ツバルの人たちの様子を知り，未来を考える。	・自然を敬うツバルの人々について紹介することにより，視点を変えて考えることができるようにする。

単元指導の実際

❶ 実践の記録と成果

　第1時では，3つのタイプの話し方に，どんな違いや特徴があるか，相手はどんな感じを受けるかを知るために役割演技をしました。そして，自分の話し方を振り返ったところ，受け身的・攻撃的になる場合が多いことに気づきました。

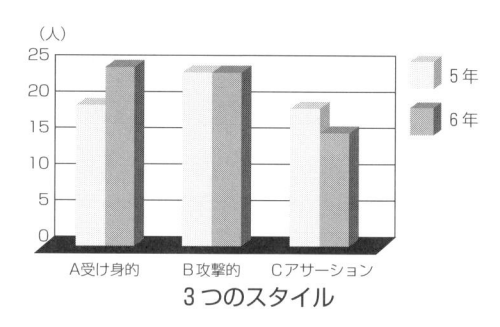

　第2時では適切な自己表現の仕方を理解して，実践しようとする意欲を育てました。単元の最初にアサーションの概念を用いた授業を位置づけたため，自分の気持ちを素直に表現することを意識するようになりました。

　第3時ではカード式グループ発想法を取り入れたグループワークを行いました。「自分の意見をはっきり言えて気持ちがすかっとした」「友だちの発表になるほどと思った」という感想がみられ，自分の考えを明確に伝えること，そこから，他者との違いを確かめることができたといえます。

　第4・5時では2人組からグループに広がる話し合いを行いました。カードに考えを書いて出し合い，結論に近づけていくという課題に対して，真剣に話し合っていました。

　第4時「ごみを考える」の資料については，具体的な実践に結びついた感想が多くみられました。第5時「神の国ツバル」は地球的視野から問題を考えるため，具体的行動にどう移すかまで深めていくことが課題となりました。身近な問題である「ごみを考える」と組み合わせ，さらに心のノート「生きているんだね自然とともに」のページを活用することにより，自分でできることを考えられるようにしました。

この人どんな人？　　──話し合いの結果──

○みんなたくさんの意見を出したので，とても長いむずかしい話し合いが続きました。最後に結局2つの意見に分かれました。
○班の全員が 意見を出してみんな納得するまで話し合えてよかった。
○グループの話し合いではみんなの意見は一致した。またこういう話し合いをやりたい。

ごみを考える　――グループの話し合いの結果――

1班・なるべくリサイクルに協力する。
2班・生ごみを庭の土に埋め肥料にする。ごみ袋の値段をあげる。
3班・ごみをしっかりと分別し，家庭でも衣類などのリサイクルをする。分別しないと罰金。
4班・賞味期限切れを出さず，リサイクルできるものはリサイクル。
5班・古着は近所にあげたり，雑巾にしたり，ぬいぐるみの服などにする。生ごみは肥料にし，なるべくごみを少なくする。
6班・賞味期限が切れたらコンポストを使う。衣類はリサイクルなどに出す。

神の国ツバル　――グループの考え――　　　　　　　　　　一部抜粋

1班・私たちが温暖化を防いで二酸化炭素を出さないようにすればツバルだけじゃなくてほかの国も助けることができると思う。
2班・エコ製品をもっと増やしさまざまな国から費用を出し合い，温暖化で悩む国の手助けをすればいいと思う。
3班・世界に募金を求めニュージーランドの中に土地を買う。そこに移住できなかった人はほかの国に住む。その間に二酸化炭素の排出を防ぎ，島を高くする工事をする。

（授業後の感想）

- ツバルの人たちはすてきだな。だってもうすぐ沈んでしまうかもしれないのに，沈まないと信じているからです。信じるってすごいことです。ツバルの人たちは大切なことを忘れていない人たちです。
- 全員がほかの国へ行けるようにしたい。みんないっしょじゃないとかわいそうだから日本に迎えるようにしたい。

❷引用・参考文献

- G・パイク，D・セルビー共著『地球市民を育む学習』明石書店
- 園田雅代・中釜洋子『子どものためのアサーショングループワーク』日本・精神技術研究所発行
- 平木典子『アサーション・トレーニング』日本・精神技術研究所発行
- 安達昇ほか『人間関係を豊かにする授業実践プラン50』教育技術MOOK，小学館
- 白石孝久『「自分」が「自分」を育てるライフスキル学習の授業』教育技術MOOK，小学館
- 上杉賢士編著『総合的な学習の評価　小学校編』明治図書
- 諸富祥彦『学校現場で使えるカウンセリング・テクニック（上)』誠信書房

「この人どんな人？」役割演技の資料

共通
相手役「ねえ，借りていた本，返そうと思ってもってきたよ。はい，これ」
共通　「あれ，このページなんだかすごくきたなくなってる」
相手役「あれ，ほんとうだ。いったい，どうしたんだろう」

Aの対応
Aさん　（無言で，じっと下をむいてしまう）
相手役「なんだよ。だまっちゃって。何か言いたいことがあるんじゃないの？」
Aさん「そうじゃないけど，でも…」

Bの対応
Bさん「そんなしらじらしいこと言ったってだめだよ。よくもこんなふうにきたなくしたね。もう二度と何にもかしてあげないからね。そっちがやったんだから，この本ちゃんとべんしょうしてよ」

Cの対応
Cさん「ここのページ，前はこんなふうにきたなくなっていなかったと思うんだけど，どうだったかおぼえてる？」
相手役「借りている間によごしたんじゃないかって，うたがっているんでしょ？」
Cさん「そうじゃないよ。ただとてもだいじにしていた本だから，こんなよごれがついたのが気になるんだ。他の人にも貸したりしたから，そのときよごれたのかもしれないし，あなたが読んだとき，もうよごれがついていたどうか，おぼえている？」
相手役「はっきり気にしてなかったけれど，どうだったかな。もし自分でも気づかないうちによごしていたんだとしたら，ごめんね」
Cさん「いいんだ。気になっただけであなたをせめようと思ったわけでもないんだから」

園田雅代・中釜洋子『子どものためのアサーショングループワーク』(株)日本・精神技術研究所発行より一部引用

神の国ツバル

　ツバルは9つの珊瑚礁からなる小さな島国です。面積は新島と同じ，もしくは東京の品川区と同じくらいです。とても小さな島国に約9500人の人たちが暮らしています。

　ツバルは近い将来海中に沈んでしまうといわれています。9つの島が一つ一つなくなっていって，最後にはツバルという国が地球上から消えてしまうかもしれません。この国の子どもたちは将来どこに住むのでしょう？ツバルで生まれて生活をしてきたおじいさんやおばあさんはどうしたらいいのでしょう？ツバルはどうして沈んでしまうのでしょう？

　ツバルは平均海抜2メートル以下の珊瑚礁でできているため，海水面が上昇すると波に島がけずられてしまいます。波が島の上を通り越してしまうこともあるかもしれません。海岸のヤシの木は波でたおれてしまいました。

　地球温暖化の影響で，北極や南極の氷がとけたり，海水面が膨張したりして，2050年までに海水面が約20cm上昇すると言われています。海水面の上昇により海水が流れ込んで，飲み水がなくなり，主食のタロイモなど作物が育たなくなっています。魚もとれなくなってきました。国が貧しいため，波から守る工事をすることはむずかしく，海水面の上昇が起こらないことを祈るしかないのです。

　温暖化に影響するのは，日本をふくむ先進国から排出される二酸化炭素などの温室効果ガスです。

　いっぽうで島から出るという考えもあり，4年前から移住先をさがしてきました。近くの国のニュージーランドはツバルから毎年抽選で75人受け入れることをきめました。しかし年齢は18歳から45歳まで，ニュージーランドでの仕事が決まっているなどの条件があります。この夏は移住の問題で島の話題はもちきりでした。

　島の人たちはツバルを神の国と信じ，多くの人は沈むことを信じていません。

写真絵本『ツバル　海抜1メートルの島国　その自然と暮らし』国土社
(Tuvalu Overview　http://tuvalu.site.ne.jp/参照)

郷土や環境を大切にする

地域体験学習で育む郷土愛

小学校5年生　総合　28時間

今井常夫

諸富祥彦が語る
この実践 ここがポイント！

■五感を通して郷土愛を育む■

　今井先生の勤務校は千葉県富津市にあります。先生も書かれているように，自然豊かな農業の盛んな土地柄で，素晴らしい歴史と伝統文化が息づいています。しかし，残念なことに多くの子どもたちがあこがれを抱くのは都会であり，なかなか郷土愛が育たないという側面があります。

　こうしたなかで今井先生は，地域のすばらしさや抱えている問題を知ることで，地域の課題を解決するために，自分には何ができるのかを子どもたちに考えてもらいたいと考えたのです。

　郷土愛を育むために，今井先生は総合的な学習として28時間をかける多彩なプログラムを構成しました。こうした地道な取り組みの成果がレポートからもうかがえます。

■地域で体験できることを貪欲に取り込む■

　子どもたちは蕎麦の種まきから収穫，蕎麦打ちを体験したり，この地で農業を営む方の話を聴いたりしながら，地域に対するさまざまな人の思いにふれていきました。地域活性化という自分たちの生活に密接な問題について考えるにあたって，情報収集やインタビューの方法を学んだり，発表会で保護者に授業での取り組みを的確に伝えるための表現方法を学ぶこともできたようです。

　また，長期間にわたって問題解決に取り組めるよう，学習ファイルを用意し，子どもたちの成長を追跡できるようにした工夫もよいと思います。

　子どもたちがこの学習を通して学んだのは，地域のいまの姿だけではありません。地域の現状を知ることで，自分のこれからの生き方や地域の将来にまで視野が広がったのです。

単元全体の計画

5年生 ｜ 総合 ｜ 28時間

「風と緑の里」から見えた天神山

今井常夫
もと富津市立天神山小学校

❶ 単元（ユニット）を設定の理由

　本学区は富津市の南に位置し，地域を流れる相川には鮎やカジカガエルがすむなど，豊かな自然に恵まれています。稲作，椎茸・菜の花栽培などの農業がさかんです。歴史も古く，地名の由来となった天神社などの史跡や伝統文化も数多く残っています。しかし，そのいっぽうで，館山道の建設工事が進み，地域は大きく変わろうとしています。

　このような中で，子どもたちが地域を学ぶことは，地域の素晴らしさ・地域が抱える問題や課題を考えることができるとともに，その中で生活する自分を見つめ直したり，自分にできることは何かを考えて行動にかえていく力を育むことができると考えました。

　そこで本校では，自分たちの住む地域を見直したり，新しい地域のよさを発見したりする中で，「『地域』での体験の中からさまざまな課題を見つけ，課題を解決することによって『地域』のすばらしさを見つけ語ることができる」「さまざまなものの見方や考え方を身につけ『地域』の中で生きる自分たちのこれからの生き方を考えたり，未来の『地域』について語ることができる」を目標に総合的な学習の時間に取り組んでいます。

　5年生の本単元では，地域にある農業体験塾「風と緑の里」で蕎麦づくりの体験をしたり，設立の経緯や活動を進めていくうえでの思いや願いを聞いたりします。地域の農業を大切にし，これからも維持していこうとする人々の願いをもとにして地域学習を進めていきました。

❷ 単元（ユニット）の目標

○地域で行われている蕎麦の栽培や農業体験塾「風と緑の里」のことについて学ぶことで地域への愛着を深めるとともに，地域の一員としての自覚をもつことができる。

- 「風と緑の里」の人の話や蕎麦栽培などの体験を通して，地域の農業や文化・環境について疑問に思ったことや調べてみたいことを見つけることができる。
- 地域の人やインターネット，図書資料などから，情報を収集・整理しながら自己の課題を解決することでさまざまな学び方を身につけることができるようにする。

- 地域での蕎麦栽培の体験や調査活動などからわかった地域の姿を地域の人や保護者にわかりやすく伝えるために，いろいろな表現方法を工夫することができる。
- 地域の自然や環境に合わせた農業の姿や地域の人々の願いについて理解するとともに，これからの天神山の姿を考えることができる。

❸ こころを育てる仕掛け

　地域の人の願いや思いに体験的にふれることで，自分たちにもできることがあるのではないかと考えたり，地域のことをもっと知りたいという意欲をもてると考えました。

　そこで，地域の支援者（農業体験塾「風と緑の里」）との連絡を密にし，蕎麦の栽培活動や塾の設立の経緯を話してもらうことを通して，地域の人の願いや地域の問題について気づくことができるように単元を構成していきました。

❹ 指導上の工夫

　総合的な学習の時間で地域学習を進める場合，地域での体験の中から自分の解決したい課題をつくらせていくことが多かったのですが，ここでは地域の「村おこし」「地域の活性化」に取り組んでいる人の話を聞く場面を設けることとしました。

　また，一人一人が進んで自己の課題を見つけ解決できるように，全体で話し合ったり，個々に考えたりする時間を十分に確保しました。課題解決の過程では，必要な情報が得られるように，子どもたちが地域に出てインタビューやアンケート・現地調査などの多様な学び方ができるようにしていきました。

　さらに，見通しをもって課題が解決できるように，解決の方法や調べ方を考えるための学習ファイルを用意しました。そして，このファイルから子どもたちの課題や課題意識の変容を適切に把握し，具体的なアドバイスや支援ができるようにしていきました。

❺ 単元（ユニット）の指導計画　全28時間

過程	時配	学習活動と内容	子どもの課題意識（○）と支援（☆）・評価（◎）
		「風と緑の里」で蕎麦を育てよう	
課題把握	1	1.「風と緑の里」について知る (1) 看板やパンフレットをもとに話し合う。 (2) 昨年度収穫された蕎麦を見て，今年も栽培することを確認する。	☆「風と緑の里」のパンフレットを配布する。 ・場所は，廊下に掲示してある地図で確認する。 ◎「風と緑の里」に興味をもち，蕎麦や蕎麦の種まきについて調べようとする意欲をもてたか。
	1	2. 蕎麦や蕎麦の種まきについて調べる ・本，インターネット，パンフレットなどで蕎麦の特徴や種まきから収穫までの過程を調べる。	☆蕎麦の栽培のために，どんなことがわかればよいか米づくりをもとに話し合い，詳しく調べさせる。 ☆夏休みの登校日を設け，全員が参加できるように夏休みの計画表に事前に記入し，家庭連絡をして，安全な登下校に協力を呼びかける。
	3	3. 蕎麦の栽培をする (1) 夏休みに蕎麦の種まきをする。 ・塾長から種まきの方法の説明を聞く。 ・種まき機を使って，全員が種まきを体験する。 (2) 観察をする。 (3) 蕎麦の収穫をする。 ・刈り取り，束ねた蕎麦を脱穀して実を取り出す。 ・学校で乾燥する。 ・ゴミを取り除く。	☆種まきから5〜7日で芽が出ることを知らせ，夏休み中も観察をするよう促す。 ☆収穫時期については，相談のうえ決定する。 ○2か月で収穫できるなんてすごい。 ○刈り取りの仕方は，稲とはずいぶん違う。 ○脱穀してどれくらいの蕎麦がとれるだろう。

課題把握		「風と緑の里」の人の願いを聞き、自分たちのテーマを作ろう	
	4	4. これまで蕎麦栽培に協力してくださった風と緑の里の方に話を聞き、課題をつかむ (1) これまでの活動を振り返り、「風と緑の里」の方々に助けていただいたことを確認する。 (2) 協力してくれるわけを予想する。 ・農業のよさや楽しさを知ってもらいたいから。 ・地域の自然の恵みを知ってもらいたいから。 (3) 星野さんの願いや苦労について聞く。 (4) わかったことを整理する。	○蕎麦の種まきから収穫まで、自分たちにいろいろな協力をしてくれたのはなぜだろう。 ・体験活動に協力している理由を話していただくよう事前に依頼する。また、農業をするうえでの苦労・問題点や、地域をよりよくするための活動も話してもらう。 ◎自分たちの栽培活動に協力してくれた理由や「風と緑の里」の人々の願いを把握できたか。 ☆調べれば地域のよさにつながると予想されるよいことも伝える。
	1	(5) 自分たちだったら、この天神山の何について伝えたいのかを考える。 ・天神山のよさについて紹介したい。 ・多くの自然が残っていることを知らせたい。	・漠然としたものから具体的な事象や事物になるよう、次時からの話し合いで明らかにする。
		自分たちが興味をもって調べ、人に伝えたい課題について明らかにし、調べる計画を立てよう	
	2	5. 課題を整理し、グループごとに解決する方法や計画を考える (1) 調べたいテーマを話し合いの中で整理する。 ・天神山のよさや自慢できることについて具体的な事象や事物をあげてみる。 ・「風と緑の里」についてさらに詳しく調べる。 ・ひまわりロードの活動について調べる。 ・祭りについて調べる。 ・自然の豊かさについて調べる。 ・農業生産物や特産物について調べる。 ・天神山の地名について調べる。 (2) テーマごとのグループをつくる。	☆各自がどのようなテーマをもって調べるのかを考えさせ、テーマごとにグループをつくる。 ○天神山のよさや自慢できることをこれまでの総合的な学習から想起させるようにする。 ・自然、風と緑の里、米作り ○保護者の協力を得て、農業生産物や特産物などについて事前に聞くようにしておく。 ○地域活動の様子の写真や資料を提示する。 ・祭り、ひまわりロードなど ◎地域の自慢できるところやよさについて農業や自然などから見つけ、調べていこうとする意欲をもつことができたか。
		風と緑の里から見えた天神山について調べよう	
課題解決	2	1. 自分たちの調べたい内容の計画を立てる (1) 調べる方法を考える。 ・インタビューやアンケートをする。 ・市役所で聞いたり、図書資料で調べる ・地域に出て観察したり記録を取る。 (2) だれにどのように伝えていきたいのか考える。 ・新聞やパンフレットにしていきたい。 ・ホームページや本を作りたい。 ・地域の地図にまとめていきたい。	○国語「インタビューをしよう」などの学習や、相川環境調査隊の学習をもとに、どのような調べ方があるのか考えさせる。 ○「風と緑の里」の人に聞いてもらいたい、家の人や全校の人、地域の人以外にも伝えたいなどの考えを大切に表現方法を考えさせる。 ☆対象によって表現が異なることを確認する。 ☆計画表から各グループの調査を把握し、協力者と訪問日時や依頼内容を打ち合わせる。
	4	2. グループごとに調べる (1) 各グループの計画にそって調査活動をする。 ・「風と緑の里」の活動をさらに詳しく調べる。 ・ひまわりロードや八神会の活動について調べる。 ・自然の豊かさ、農業生産物について調べる。 ・天神山の地名について調べる。	◎地域からの聞き取りやインターネット、図書資料などから情報を収集整理しながら意欲的に自己の課題を解決することができたか。 ☆これまでの調査活動に基づいた感想や考えをはっきりさせ、発表に加えるように助言する。 ☆調べたことをどう表現するか話し合わせる。
	6	3. 調べたことを整理してまとめる (1) 調べたことやわかったことを整理する。 (2) グループの表現方法にそってまとめる。 ・グループごとに役割分担をし、効果的な表現方法を工夫する（ＶＴＲ，ＯＨＣ，表やグラフ）。	◎自分たちが調べたことや考えをわかりやすく発表する方法を考えることができたか。 ☆ホームページを作っていきたい児童には、放課後や休み時間などを利用して活動を継続させていくようにする。
		蕎麦打ち体験・試食会と発表会を開こう	
表現	2	1. 蕎麦粉を挽き、蕎麦打ちをして食べよう ・蕎麦打ちを風と緑の里の方と行い、試食会を開く。	☆発表会に地域の方や保護者を招待できるように依頼する。
	1	2. 発表会を開く (1) 調べたことを発表し合う。 (2) 保護者や風と緑の里の方から感想を聞く。	◎自分たちが調べたことや考えをいろいろな表現方法を使ってわかりやすく表現できたか。
	1	3. まとめる (1) この学習を通してわかったことや感想を書く。 (2) 協力してくれた方にお礼の手紙を書く。	◎地域の自然や農業などさまざまな視点から調べることで、地域のよさを理解できたか。

単元指導の実際

❶ 実践の記録と成果
（1）「風と緑の里」について知ろう（1時間）
　「風と緑の里」は，数年前に，地元の農業振興を図っていこうという有志が集まって作った地域の農業体験塾です。この「風と緑の里」で子どもたちは，蕎麦の栽培をさせていただくことになりました。

　そこで，まず最初にパンフレットや看板を子どもたちに見せることにしました。初めは，「看板は見たことがあるけど何をしているところか知らない」「○○さんのお父さんが働いているところだよ」「とてもいい名前だと思う」という意見が多かったのですが，パンフレットを見て，「いろいろなものを栽培していることがわかる」「相川の寺原というところにあるんだね」「農業体験塾って書いてあるけど，何をするんだろう」などといろいろと関心をもっていきました。また塾長の話から，体験塾に参加している人は，天神山地域の人ではなく，君津や木更津から参加していることや，体験を通して少しでも多くの人に天神山のよさや，農業の楽しさを知らせたいという願いからはじまった活動であることがわかってきました。

（2）蕎麦づくりの開始（11時間）
　蕎麦づくりは，初めての経験です。まず，蕎麦の種を提示しました。全員が初めて見る蕎麦の種です。子どもたちは，「実が丸いと思っていたのに，三角だ」「この実からどうやって蕎麦ができるのか不思議」などと蕎麦づくりに対する関心を深めていきました。

　どうやって作るのだろうという疑問に対して，子どもたちはインターネットで検索を始めました。秋に収穫する蕎麦は8月中旬に種まきをする必要があるので，夏休みに登校日を設け，5年生全員で体験をすることにしました。

　「風と緑の里」は，学校から自転車で20分のところにあります。体験塾の方から蕎麦の種まきの方法を聞いたあと，種まき機を使って一人一人が種まきを行い，みんなでそろって足で種に土をかぶせました。約2時間の活動で1アールの畑の種ま

8月の種まき

きが終わりました。「蕎麦の成長は早くて，2か月後には収穫ができる」「蕎麦の白い花が咲くとあたり一面真っ白いじゅうたんになり，とてもきれいだよ」と聞いた子どもたちは，「蕎麦の花を見てみたい」「どんな芽が出るのだろう」「早く蕎麦を食べてみたい」と期待をふくらませていきました。

9・10月と土寄せや草取り，成長の様子の観察を続け，10月の中旬に「風と緑の里」の方と一緒に収穫をしました。鎌を使っての刈り取り，脱穀では，棒やビンで叩いたり，昔からの機械などを使ったりしました。収穫をした蕎麦の実は学校で乾燥させ，11月の中旬に製粉機で製粉してもらいました。

そして，いよいよ自分たちで育てた蕎麦を使っての蕎麦打ちです。ここでも「風と緑の里」の方4人を先生に迎えて活動をしました。

あらかじめ蕎麦打ちの方法を調べてあったとはいえ，子どもたちには初めての体験です。蕎麦粉と小麦粉を混ぜ合わせ，水を加えて練ったり，麺棒を使って生地を伸ばしたりと，先生の実演を見よう見まねで試みていきました。大きな鍋で茹でた蕎麦は，一人一人の器に盛りきれないほどでした。

自分たちで育てた蕎麦を食べる子どもたちは，「お蕎麦がこんなにおいしいなんて知らなかった」「自分で育てた蕎麦だから，大切に打った」など大喜びでした。「風と緑の里」の方も，たくさん作った蕎麦を残さず食べた姿を見て，「これだけ喜んで食べてくれるとやりがい，教えがいがあるな」とたいへん喜んでいただきました。

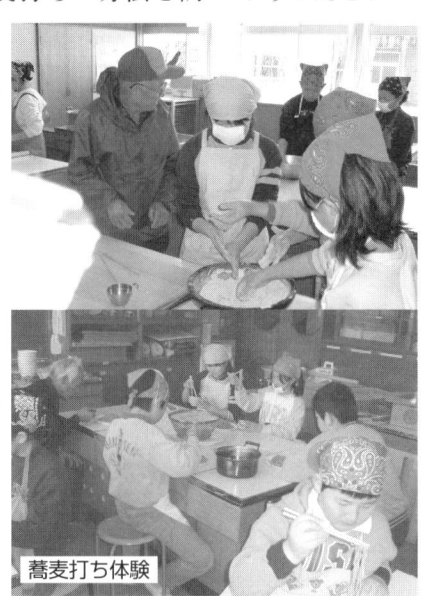

（3）「風と緑の里」ってどんなところ　（12時間）

子どもたちは，「風と緑の里」での蕎麦栽培を通してさまざまな体験をし，地域の自然を生かして蕎麦を作る苦労や楽しさを味わうことができました。しかし，子どもたちに地域への関心や興味をもたせる体験としては不十分であると思いました。そこで，あらためて「風と緑の里」の塾長を招いて課題づくりの学習を行うことにしました。

まず，子どもたちに「風と緑の里」の人たちが，「蕎麦の種まきから収穫まで，自分たちにいろいろな協力をしてくれたのはなぜだろう」という質問をしてみました。すると，子どもたちからは，「農業のよさや楽しさを知ってもらいたいからだろう」「収穫の喜びを知ってもらいたいからだろう」「地域の自然の恵みを知ってもらいたいからだろう」という答えが返ってきました。

　そこで，子どもたちの体験活動に協力しているわけについて塾長から話していただくように協力を依頼しました。また，農業をしていく上での苦労・問題点や，地域をよりよくしていくためにいろいろな人が活動していることを話してもらいました。

　話を聞いた子どもたちは，地域のためにいろいろな願いを持ってさまざまな活動をしている人たちがいることを知り，自分たちにもできることはないかとみんなで話し合いました。その結果，自分たちの地域のすばらしさを地域の人やほかの地域の人に紹介すればよいのではないかということになりました。

　そして，とくに興味をもったことや，さらに調べてみたいことを整理し，グループごと活動計画を立てていきました。

　各グループは，次のような活動計画を立てて実践していきました。

①「風と緑の里」を多くの人に紹介しよう
- 農業体験の様子や年間計画についてインタビューした内容をまとめて，わかりやすくまとめて紹介すれば，いろいろな人に塾長の思いや考えが伝わるのではないか。

②天神山に伝わる祭りの歴史
- 八神会について調べたり，古くから伝わる祭りの様子を紹介すれば，多くの人が天神山に興味をもって集まってくれるのではないか。また，祭りに参加する人も増えるのではないか。

③ひまわりロードを作る活動
- ひまわりロードの計画について調べたり，参加した人々のインタビューをしたりして，地域の人の願いやこれからの希望についてまとめる。

④地区に伝わる行事
- 天神山の8つの地区では，毎年どのような行事が行われているのかを紹介したい。

⑤地域の自然を紹介する
- 相川環境調査隊（1学期に行った総合的な学習の時間の単元）で調べたことをもとにして，地域に残る自然のすばらしさを紹介したい。

⑥天神山の米
- 天神山でできる米は他地域の人からおいしいといわれている。これは，本当なのか確かめるために，炊きあがったご飯の食べ比べをしたり，米生産での工夫をインタビューからまとめて紹介をしたい。

　地域のよさを知らせるには，まず自分で調べることが必要です。インターネットでの資料収集はむずかしいので，地域でインタビューをしたり，アンケートをとったりしました。

また，実際に現地で調べ，写真に記録したりするグループもありました。

(4) 発表会を開こう（4時間）

多くの人に聞いてもらいたいという子どもたちの願いもあり，発表会には保護者，先生，「風と緑の里」の方に来ていただくことにしました。当日までに各グループは，全校児童へのアンケートの結果や，行事を主催する人へのインタビュー，発足までの経過や構想などを調べた結果をもとに自分たちの気持ちなどをまとめていきました。

自信をもって発表ができるように，発表原稿をつくる時間を十分にとり，役割分担をしたり，表やグラフを使った模造紙の作成，ＶＴＲの編集などを行いました。実践の最後に，自分たちの活動を支えていただいた方々にお礼の気持ちをこめて手紙を書きました。手紙を書くことで，地域に対する自分の思いを新たにすることができました。

(5) 全体を通じて

地域に対する自分なりのこだわりを子どもたちにもたせるため，蕎麦栽培が終わったあとに，塾長には「なぜ体験塾を開いたのか子どもたちに話してほしい」とお願いしました。種まきなどで体験塾に何度も行った子どもたちは，高台で水の確保が難しく，三方を森に囲まれて猿害に悩まされていることや，スタッフが高齢であることも知っています。そのうえで話を聞くと，過疎化や高齢化で後継者が少なく困っていることを，体験と結びつけて考えることができます。「農業の楽しさ，自然の恵みや収穫の喜びを知ってもらいたい」という塾長の言葉も素直に聞くことができました。

その後，子どもたちは「自分たちが地域のためにできることは」と悩んだすえ，一人が「風と緑の里」について人々に紹介したいと言い出しました。たくさんの人が天神山に来たら，よさを知ってもらえるのではないかというのです。「天神山の自然が豊かだということを紹介しては」「天神山には自慢できることがたくさんあるよ」という発表に，多くの子が頷いていました。生活科や総合的な学習の時間で学んだ地域の自然や遊び・地域での体験などをいろいろ思い浮かべたようです。米作り体験から「天神山の米のおいしさを知らせたい」，相川学習から「カジカガエルや蛍の棲む豊かな自然を紹介したい」などのほか，祭りにたくさんの人に参加してもらいたいという願い，子ども会の「ひまわりロードづくり」ついてなど，多くのことを紹介できることに気づくことができました。

❷ 課題

地域の方々とのかかわりの中で課題を解決していくことで，地域の人々の願いや思いを新たにすることができるのですが，だれにどのようなことを聞きに行くのかを，各グループの子どもたちと共に確認することが大切です。

しかし，インタビュー相手を探すのは指導者にも子どもにもむずかしいことです。これから継続して本実践を進める中で，人材マップを作成していくことが必要です。また，調査に必要な時間の確保をしていくことで，地域で生きる人々の姿，人とのふれあいを大切にする気持ち，生産活動の大切さを学ぶ機会を増やしていきたいものです。

将来の夢をふくらませる

キャリアエデュケーションは小学生から

小学校6年生　学活　4時間

大平睦美

諸富祥彦が語る
この実践 ここがポイント！

■小学生にもキャリアエデュケーションを■

いまキャリアエデュケーション（進路教育）の必要性が指摘されています。しかし，小学校では，まだ子どもたちの将来の進路に関心を持っている先生はあまり多くないようです。

私は10年ほど前から，キャリアエデュケーションは小学校高学年からと，ずっと主張してきました。大平先生のこの実践は，まさに私のこの主張と重なるものです。というのも，大学卒業後，約半数がフリーターとなるこの時代。小学校高学年あたりから，徐々に自分で自分の生き方を選び，どのような人生を歩んでいきたいのかを考える習慣を身につけていかないと，二十歳を過ぎても自分が何をやっていいのかわからないということになりかねないからです。自分の人生について考える習慣を持たないと，惰性に流されやすくなってしまいます。

ですから「小学校ではキャリアエデュケーションは必要ない」という概念を覆すような取り組みを積極的にやってほしいと思います。

ただし，この段階で説教じみた職業教育をやってしまうと，子どもたちは一気に将来への希望をなくしてしまいます。そこをうまく工夫して，ゲーム感覚で楽しく，自分は将来どんな仕事をしたいのか，働くことを通してどんな自分になりたいのかを自覚させましょう。ここが教師の腕のみせどころです。

■自分の将来像を意識化させるための工夫■

大平先生は，構成的グループエンカウンターのエクササイズを効果的に使って，自分の価値観や将来像を自覚させることに成功しています。また5回の面接機会を設けたり，保護者との連携を図るなど，サポートも十分です。自分の将来に関心を寄せ夢を抱くことの大切さ，その実現に向けて必要な努力などについて理解を深めた点にも注目していただきたいと思います。

| 単元全体の計画 | 6年生 | 学活 | 4時間 |

大人になったら何になりたい？
―未来の自分をみつめて―

大平睦美
佐原市立佐原小学校

❶ 単元（ユニット）設定の理由

いま，発達段階に応じたキャリア教育（職業を中心に社会的役割を意識した生き方教育）が注目され始めています。価値観が多様化し，モデルとなる生き方が見えにくくなっている現代だからこそ，発達段階に応じて小学校段階から，将来に視点を当て，自分らしさを探求し，生き方を考えていく機会をつくっていくことはとても重要な取り組みだと考えられているのです。

小学校6年生（476名）にアンケートをとってみたところ，かなりの子どもたちが，将来つきたい職業があると答えたものの，その反面，大人になりたいという成長欲求が低いということがわかりました。このことから，子どもたちは将来を肯定的にみているとは言いがたいということを感じました。

そこで，子どもたちの，自分を見つめ，主体的に生き方を決める能力の育成をめざし，おもに構成的グループエンカウンターを活用した学級活動に取り組みました。

❷ 単元（ユニット）の目標

- 自分の将来について好奇心をもち，夢をもつことの大切さに気づく。
- 他者とのかかわりを通して，自分のよさや興味関心について理解を深める。

❸ こころを育てる仕掛け

子どもが将来の夢を広げるためには，「自分の可能性を信頼できる自分」「努力の必要性がわかる自分」「他と支え合い助け合いながら生きることの大切さが分かる自分」などの健全な自己概念を，発達に応じて育成することが

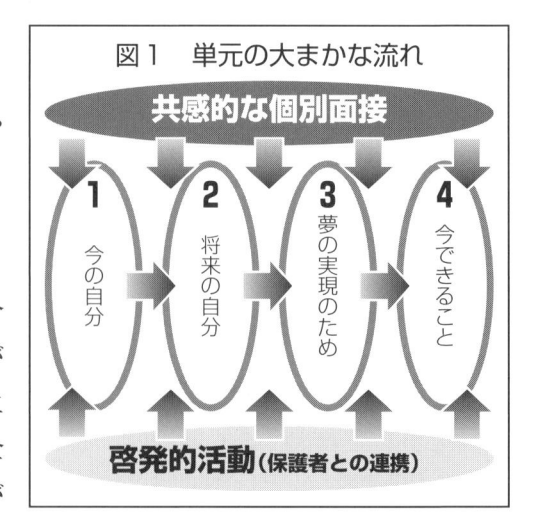

図1　単元の大まかな流れ

共感的な個別面接

1. 今の自分
2. 将来の自分
3. 夢の実現のため
4. 今できること

啓発的活動（保護者との連携）

基盤になると考えます。そのためには，安心して考えを語ることができる，教育力のある学級集団の育成が大切です。

本単元は，4時間の学級活動（図1の中央に明記した4つの流れ）を中心に据え，将来について考えることを目的に，おもにエンカウンターを実施しました。自己を見つめ，自分のよさや興味関心について理解を深めることができるようにしました。また，それに伴う個々の意識の変容に寄り添って，共感的な理解を図ろうと，5回にわたる面接を行うことにしました。さらに，授業中に，保護者に協力を願う場面をつくり，保護者との連携を図ろうと試みました。

本実践では，以上の3側面から発達促進的な支援を行いました。

❹ 単元（ユニット）の指導計画　全4時間

1次	いまの自分を見つめて	運動会という活動をメインに，友だち相互で活躍ぶりを見つけ，伝え合うことを通して，いまの自分のよさに気づく。 「アウチ」 （リラックスを目的とした信頼体験） 教室を歩き回って，右手の人差し指同士を合わせ，挨拶をする。 「ねえ，どっちがいい？」 （自己理解・他者理解） 出題された項目2つのうち好きなほうを選ぶ。2人組で見せ合い，選んだ理由を紹介し合い，自分の価値観を明確にしていく。 「みんなの活躍を見つけ出せ」 （自己受容・他者理解） ワークシートに，よさや特徴を記入して提出しておく。シートの内容を教師が読み上げ，だれのことか推理し，人名とその理由を発表する。	1時間（学活）
2次	未来の自分をみつめて	未来の自分の姿や将来の職業を考え，子どもたちなりに大切にしたい価値観（キャリア・アンカー）を考える。	1時間（学活）
3次	夢の実現のためには	その夢を実現するために，長いスタンスで努力していくことは何か，実現のためには方策を練ることが必要であることに気づく。	1時間（学活）
4次	いまできることは （卒業に向けて）	いまできることは何か，できることから始めようと励まし合う。	1時間（学活）

この単元を始める前に，話し合いの基本的なルールづくりをねらいとした授業を行うとともに，学級の集団における個々の人間関係を観察しました。

| 指導案① | 1時間目 | 2次 |

どんな人になりたい？
どんな仕事につきたい？

●教師の思いと授業のねらい，そのねらいを設定した理由

　中学校になると，自己の適性を知りながら職業観を広げ，将来像を構築していく進路指導が展開されます。小学校では，適性を知るというより，自分がいまどんなことに興味関心を抱いているのか自覚して，夢を抱くことそのものの大切さに気づかせることがポイントだと考えました。

　そこで，未来の自分の姿や将来の職業を考え，子どもたちなりに大切にしたい価値観（キャリア・アンカー）を考えることをねらいとした授業を設定しました。

●資料（教具・教材を含む）
- 児童用ワークシート2枚……114ページ
- 仕事の特色カード40枚……115ページ
- 職業リスト……115ページ

●授業の工夫
- 自分がどんな人になりたいのか考えるとともに，保護者にどんな大人に成長してほしいのかを取材することなどを通して，多様な価値観に気づかせる。
- ビンゴゲームにすることで楽しみながら聴けるようにする。
- 職業の特色を簡単に表現したカードを分別することで，自分が大切にしたいと考えている職業観を整理できるようにする。

●授業の評価の観点
- 自分の夢や価値観について意見交換をし，自分の将来について関心を高めることができたか。

●授業の様子や子どもたちの声

　仕事の特色カードを3つだけ残し，その内容に一致する職業名をリストから友だちに選んでもらいました。職業名を見た子どもたちの感想は「自分がやりたいなと思っていたことが書いてあって，わかってもらったという気持ち」「こんな仕事も自分に合っているのかな」「自分のことを人が考えるなんていやだ。自分で決めたい」など多様。今回の授業を通し，発想を広げるヒントを得たり，困惑の中から，「将来の夢は自分の責任で自分で決めていくべきもの」と考えたりと，深く振り返ることができました。

●参考文献
- 國分康孝監『実践サイコエジュケーション　心を育てる進路指導の実践』図書文化

	学習活動と子どもの様子	ポイントと留意点
導入	①ねらいの明確化 　「今日の活動のねらいは未来の自分について考えようです。どんな人になりたいか，どんな仕事につきたいかイメージを広げてみましょう」 ②『新しい仲間を探せ』リラックスを目的とした信頼体験 ・拍手の音の数だけ仲間をつくり手をつないで座る。輪の友だちと握手する。つくれなかった人は先生と握手する。 ③『未来の自分を見つめてどんな人になりたい？』自己理解 ・自分がなりたい人間像を，ワークシート①の中からなりたい順に3つ選んでくる。同様に家の人にも，どんな大人に成長してほしいかをインタビューしてくる。教師の自らの求める人間像についても聴き，シートに記入する。 ・友だちの考え方についても聴きながら，ビンゴゲームをする。	・進んで組めない児童には，声をかける。少しずつリズムを速くしていく。 ・シート記入は事前にしておく。 ・多様な考え方があることに気づかせる。
展開	④『未来の自分を見つめてどんな仕事につきたい？』自己理解 ・価値観（職業観）の形成を図ることをねらいとし，用意した40枚の「仕事の特色カード」を，自分がどんな仕事に興味があるかを考えながら分別する。最終的にとくに大切にしたいカードを3つ残し，ワークシート②に書き写す。 ・ワークシート②をグループで集め，ほかのグループと交換する。手元にきたシートはだれのものかわからないようにする。シートの条件を満たす妥当な職業名をグループで検討し，総合的に判断して，職業リストから選択し，記入する。	・自分はどんなことが好きか，したいことは何かなどを考えさせながら，カードを選択させる。 ・価値観が多様になるよう子どもの意識調査や職業マップ（川崎2000）等を参考にし，ランダムに職業名を掲載した職業リストを作成する。
まとめ	⑤振り返り用紙に記入 ・本人に④のシートを返却し，いまの希望（人間像・職業観）と考え合わせ，感じたことを振り返り用紙に記入する。 ・班で順番に話し合い，続いて全体で意見を発表する。本時の感想を記入する。 ⑥教師が授業全体の感想を話す。	・エクササイズの意義を先に再確認する。 ・いまの自分の考えがすべてでなく，未知なる可能性があることを認識させる。

| 指導案② | 1時間目 | 3次 |

ヒーローに学べ

●教師の思いと授業のねらい，そのねらいを設定した理由

　事前のアンケート結果から，将来の夢を決めた判断基準は直感的なあこがれであることが多く，いまの子どもたちにとって，将来の職業はまさに「夢」の段階であると感じました。そこで，イチロー選手を例に，彼が夢を実現することができたわけについて考え合うことを通して，あこがれを実現するためのプロセスに気づかせ，自分の場合はどうするか，考えを広げていくことをねらった授業を設定することにしました。

●資料（教具・教材を含む）
- イチロー選手の6年生のときの作文……参考文献参照
- 児童用ワークシート……116ページ上　・振り返り用紙……116ページ下

●授業の工夫
- 将来の夢や中学校でやりたいこと，小学校のうちにやりたいことなどを考えるために，ワークシートを事前に配付した。考えつかない子どもには，無理強いするのではなく，個別の簡易的な面接を事前に設け，その気持ちに寄り添い，一緒に考える時間をとった。

●授業の評価の観点
- 夢を実現するには努力が必要だと気づき，いまできる方策について考えることができたか。

●授業の様子や子どもたちの声
- イチロー選手の作文を読み，夢を達成できた理由について話し合うことを通して，「一回もった夢をあきらめずにもち続けたことはすごい」「イチロー選手もいろいろ努力したんだな」「自分はできるかな。イチロー選手みたいにはできないよ」など考えが出されました。イチロー選手が夢を達成できた条件の中に，自分自身のことだけでなく，家族や周囲の人たちの支えや協力があったのではないかという意見も出され，他とのかかわりにも，目を向けられたのはよかったと思います。

●引用・参考文献
- 國分康孝編集代表『進路指導と育てるカウンセリング』図書文化
- 高原寿夫著『イチロー　努力の天才バッター』旺文社

	学習活動と子どもの様子	ポイントと留意点
導入	①ねらいの明確化 　「今日の活動では，自分がしたいことをあらためて考え，その実現のために，自分がなすべきことは何か考えてみましょう」 ②『トラストアップ』リラックスを目的とした信頼体験 ・二人一組になる。向かい合って座り，足を伸ばし，足裏をつけ，手をつなぐ。力を合わせ，かけ声で立ち上がる。うまくいく方法を話し合いながら，挑戦する。 ③『ヒーローに学べ』自己主張・進路情報 ・イチロー選手の写真を見ながら，彼が6年生のときに書いた作文を聞く。 ・4分以内で，彼の成功の理由を班で協力し合ってたくさん書き出し，発表する。	・教室のスペースを使い，安全に気をつけて活動させる。 ・成功の理由を思いつくまま短冊に書かせ，分類してまとめる。
展開	④『私がしたいことそのために』自己理解・他者理解・進路情報 ・「将来どんな人になりたいか」「どんな仕事につきたいか」「小学や中学でやってみたいことは何か」を事前に考え，ワークシートの左の欄に書き込んでおく。それをもとに「達成するためにどんなことが必要か」，③の活動を参考に具体的な必要条件を考える。 ・班の友だちに「したいこと」を伝え，達成にはどんな具体的な作戦（達成するための必要条件）が必要かを話し，それに対しアドバイスをもらう。 　例：「勉強が必要」「お金が必要」「仲間との協力が必要」「計画が必要」「練習が必要」ほか。	・大人になって自分がなりたいものやしたいことを達成するには願うだけでなく，夢に近づくために，何をしたらよいか，自分がなすべきことがあることに気づかせる。 ・必要なことに，人格的な要素があることにも気づかせたい。
まとめ	⑤振り返り用紙に記入 ・今日のエクササイズで感じたことを振り返り用紙に記入する。 ・グループで感想を発表し合い，それに対する意見も交換する。 ⑥教師が授業全体の感想を話す。 ・どんな夢も達成するにはアクティブな努力が必要であり，それが未来につながる力であることを話す。	・具体的な今後の方向性が見えてきたか，友だちに助言されどう感じたかなどの項目を用意する。 ・エクササイズの意義を先に再確認するとともに，次時の学習について話す。

単元指導の実際

❶ 実践の記録と成果

4時間のプログラムを終了した子どもたちの感想は,「将来の夢に向かってがんばろうと思った。友だちのよいところをさらに見つけられた気がする」など将来展望,自己理解・他者理解にかかわる感想が12%,「将来の夢についていろいろと考えたことがなかったので,考えることができて良かった」など将来展望にかかわる感想が40%,「自分や友だちのことがより深くわかったように思う」など自己理解・他者理解にかかわる感想が20%,そのほか,「ちょっと悩んだけどおもしろかった」「先生に相談できて安心した」などがありました。

また,質問紙法の調査によると,子どもの意識の変容は,「自分の長所を知っている」が有意に上昇(5%水準),「自分を好きである」も上昇傾向にありました。さらに,夢を実現するための要因として,「自分の個性を伸ばすこと」「自分のことをもっとよく知ること」を選んだ子どもが増えました。すなわち,将来の夢にかかわるプログラムを実施したことによって,全体的に,自己理解を深めることや,将来を肯定的にとらえることができるようになったと考えられます。

さらに,個々の子どものタイプ別にみると,次のような変容がありました。

(1) 夢をもち,自分の長所を自他共に認め,肯定的自己理解が低くない子

4時間の授業のプログラムや助言を受け入れ,適応していきました。夢について積極的に考え,夢に対する考えを広げていくことができたようです。

(2) 夢をもっているが,短所ばかり気にして,肯定的な自己理解が苦手な子

夢について深く考えることで,迷い,悩み,自分なりの答えがなかなか出せないことに,途中で不安になってしまったようです。しかし,面接などで個別に支援し,自分を知る機会になったねと励ましていきました。

(3) 夢はもっていないが,自分の長所を自他共に認め,肯定的自己理解が低くない子

プログラムや助言を受け入れ,友だちの考えを参考に夢について考えることを通して,夢に対する考えが変わっていったようです。将来の夢をもった子もいました。

(4) 夢はもっておらず,短所を気にして,肯定的自己理解が苦手な子

夢について考えるが,こだわりがあり,答えが出せずあせっていたようです。しかし,声かけなどで個別に支援することで,今後もじっくり考えていく方向性をもつことができ

ました。

　以上のことから，このプログラムを小学校6年生というこの時期に実施することを通して，次のようなのことを確認しました。

①共通の話題で友だちと意見を交わしながら，自分を見つめることができる。つまり，将来を考える題材は自己理解に直接つながってくる題材だと実感。

②だれもが自分なりの考えをもてる題材であり，児童期と思春期が入り交じったこの時期だからこそ，多様な考え方や感じ方が出されるので，他とのコミュニケーションがとりやすく，グループアプローチがしやすい。学級集団づくりにも有効。

③個々の成長の過程や迷いがみえやすいので，教育相談の機会をあらためて設けるより，子どもの姿がみえやすかったと実感。

❷ 課題

- 肯定的に自己評価しようとしない子は，積極的に友だちとの意見交換を求めようせず，意見を受け入れられない傾向が強いように感じた。その子なりに発達課題を乗り越え，将来を肯定的にとらえ自己理解が深まるよう，長いスタンスであせらず支援していく必要がある。
- 家庭での役割実行など，保護者との連携を視野に入れた啓発的活動を充実させたい。今回何度か協力を得たり，学級通信に学習したことを掲載した。
- 職業観，勤労観を育むために「総合的な学習の時間」を活用し，小学校なりの勤労体験学習を実践することも有効であろう。子どもたちの希望を生かしながら，地域の職場と連携を図って実践したい。

❸ 引用・参考文献

- 近藤邦夫・岡村達也・保坂亨編『子どもの成長　教師の成長』東京大学出版会
- 渡辺三枝子・E.L.ハー著『キャリアカウンセリング入門』ナカニシヤ出版

児童用ワークシート①

どんな人になりたい？

● 今回の授業は「未来の自分」をみつめる授業です。

1 あなたはどんな大人になりたいですか。どんな人間に成長したいと考えますか。もちろん、今の自分のよさを伸ばしていってでも良いですし、新しい自分をめざしていってでも良いのです。次の言葉を参考になりたい人の順に3つ、どうしてそれを選んだのか理由も言えるようにしておいてね。（どうしてそれを選んだのか理由も言えるようにしておいてね。）

- おだやかな ・ユニークな ・積極的な ・くよくよしない ・熱心な ・努力する
- まちがったことがきらい ・最後まで頑張る ・誰とでも仲良し ・責任感がある
- 落ち着いている ・明るい ・自分の力で解決する ・協力的な ・ルールを守る
- 誰にでも考えをはっきり言う ・リーダー性がある ・失敗してもくじけない
- まじめに役割を果たす ・誰にでも親切 ・礼儀正しい ・アイデアが豊富な
- 進んで働く ・何事もやる気がある ・素早く行動する ・手先が器用な
- 思いやりがある ・元気がある ・人の話をよく聞く ・めんどうみがよい ・けじめがある
- よく考え行動する ・人の話がよくわかる ・話を聞いてくれる ・体力がある
- きちょうめんな ・人の気持ちがよく分かる ・判断力がある

2 おうちの人は、あなたにどんな大人に成長していってほしいと考えているのか聞いてみてください。1と同じように、上のことばを参考にして、なってほしい順に3つ、下の＜うちの人の意見＞の欄に忠実に書きましょう。

＜私のなりたい人＞	＜うちの人の意見＞	＜秘密の欄＞
		※一番右は空欄でよいです
第1位	第1位	①
第2位	第2位	②
第3位	第3位	③

児童用ワークシート②

どんな仕事につきたい？

仕事の特色カードを分けてみよう

「将来やってみたい」「どちらかといえばやってみたい」○のカードを置く場所

「迷っちゃうな」「わからないな」△のカードを置く場所

○

△

「将来やりたくない」「どちらかといえばやりたくない」×のカードを置く場所

×

いちばんやりたい仕事のカードを3枚残して、下に書き写そう

仕事	仕事	仕事

上の条件に合うような職業を探してあげよう。職業リストの中から2〜3個書こう。

例えば

はいかがでしょうか！！

キャリアエデュケーションは小学生から

どんな仕事につきたい？ 仕事の特色カード

①多くの人と協力する仕事	②スケジュールを自分で決めることができる仕事	③働く時間や日によって違う仕事
④一人で行う仕事	⑤スケジュールがきちんと決められている仕事	⑥働く時間が毎日決まっている仕事
⑦人と接することが少ない仕事	⑧人に何かを教える仕事	⑨同じことをくり返す仕事
⑩たくさんの人と接する仕事	⑪人を助けたり守ったりする仕事	⑫仕事の内容がいろいろ変わる仕事
⑬主に頭を使う仕事	⑭主に野外で行う仕事	⑮指示されたことを行う仕事
⑯主に体力を使う仕事	⑰主に屋内で行う仕事	⑱自分で考えて工夫する仕事
⑲収入が安定している仕事	⑳機械を相手にする仕事	㉑人前に出ることが多い仕事
㉒収入が変わる仕事	㉓自然を相手にする仕事	㉔人前にあまり出ない仕事
㉕人の上に立ちリーダーになる仕事	㉖子どもを相手にする仕事	㉗有名になり出世する仕事
㉘リーダーの下につく仕事	㉙大人を相手にする仕事	㉚めだたず地道にやる仕事
㉛何かを売る仕事	㉜動物を相手にする仕事	㉝アイデアが勝負の仕事
㉞何かを作る仕事	㉟植物を相手にする仕事	㊱手先を使う仕事
㊲体力のある若いときにがんばる仕事	㊳人を楽しませる仕事	㊴人の世話をする仕事

B4に拡大して画用紙に印刷し、切り離して活用する。

どんな仕事につきたい？ 職業リスト

看護士（看護婦）	保育士（保母）	弁護士	事務員
獣医師	医師	学校の先生	司書（図書館の先生）
パイロット	警察官	消防官・救急救命士	大工
パン・ケーキの職人	ゲーム製作関係	研究者・学者	ペットショップ
アナウンサー	トリマー	美容師・ヘアメイク	ウエイター・ウエイトレス
漫画家	歌手	タレント	スポーツ選手
花屋	調理師・コック	ファッションデザイナー	スポーツの指導員
おもちゃ屋	声優	農業関係	通訳
銀行員	会社経営	議会議員	歯科医師
運転手（トラック他）	電気工事技師	自動車整備士	税理士
スタイリスト	プログラマー	イラストレーター	幼稚園の先生
レーサー	ネイリスト（ネイルアート）	地方公務員（役場の職員他）	福祉施設職員

＊職業名は「KJ法による進路探索」『僕はサイコジュニア』（小学生向け）を参考に、児童の認識調査と考え合わせて48選択しました。職業名は小学生向けに変えてあり、正式な呼び方では必ずしもありません。

児童用ワークシート

ヒーローに学べ　6年　名前（　　　）

大人になった自分をイメージして書いてみよう。左側（太線の方）だけ書きましょう。

① どんな人になりたいですか。（例　責任感の強い人）

[自分がめざすことは？]

これを考えるとき、下の言葉を参考にして選んでもいいです。

・おだやか　・ユニーク　・積極的　・くよくよしない　・熱心
・まちがったことがきらい　・最後までがんばる　・だれとでも仲よし
・責任感がある　・落ち着いている　・明るい　・自分の力で解決する　・協力的
・だれにでも考えをはっきり言う　・だれにでも　・失敗してもくじけない
・まじめに役割をはたす　・だれにでも親切　・ルールを守る　・礼儀正しい
・アイデアが豊か　・すすんで働く　・何事もやる気がある　・素早く行動する
・手先が器用　・思いやりがある　・元気がでてくる　・めんどうみがよい　・けじめがある
・物事をよく考え行動　・話をよく聞いてくれる　・スポーツが得意

② どんな職業につきたいですか。（例　看護士）

[自分がめざすことは？]

③ その他、これからやってみたいことは何ですか。（例えば、中学で、職業以外の夢など）

[自分がめざすことは？]

「心のノート」から
　あなたにはどんな目標がありますか。
　あなたはどんな夢を持っていますか。
　夢は　くじけそうになるあなたをはげまします。
　夢は　あなたの心に勇気をあたえてくれます。

ふりかえり用紙

ふりかえり用紙　6年　名前（　　　）

1　数字や文字に1つ○をつけよう。□には言葉を書こう。

① 今日のエクササイズ（ゲーム等）は楽しかったですか。
　5　とても楽しい　4　まあまあ　3　どちらともいえない　2　あまり楽しくない　1　つまらない

② グループで話し合うとき、自分は主にどんな役割をしていましたか。
　ア．いろいろ意見を出し、話し合いを活発にする役割
　イ．友達の考えに付け加えたり反論したりして、話し合いを深める役割
　ウ．周りに気を配り、話がだっせんするのを防ぎ、話し合いを調節する役割
　エ．人の話をよく聞いて、話し合いがスムーズに進むように協力する役割

③ グループで話し合うとき、あなたがもっと努力しなければならないことはなんですか。

④ イチローの作文を聞いたり、イチローの夢が達成できた理由について話し合ったりして、どう思いましたか。

⑤ あなたは、自分の夢が達成できるための羅針盤が具体的に見えてきましたか。
　5　見えてきた　4　以前より見えた　3　どちらともいえない　2　ほとんど見えない　1　ぜんぜん

⑥ 全体を通して感じたことを書きましょう。

2　次回の授業であなたの夢についてクイズにしてもいいですか。遠慮なく答えてください。
　ア　いい
　イ　迷う
　ウ　だめ

将来の夢をふくらませる

さまざまな職業体験から考える「夢実現プロジェクト」

小学校5年生　道徳・総合　14時間

本多妃佐子

諸富祥彦が語る
この実践 ここがポイント！

■**内省ではなく体験談から将来を考える**■

自分がどんな夢を描き，実現していくのか。将来どのような職業に就きたいのか。キャリアエデュケーション（進路／生き方教育）は，小学校高学年から始めるべきと私は考えています。本多先生の実践はまさにこの考え方にぴったりです。

では，どう実践するか。中学生や高校生を対象としたキャリアエデュケーションでは，将来像を描く場合，内省（自分自身を見つめること。例えば「10年後の私」をイメージすること）から入ることも可能ですが，小学生の段階では，これはなかなか困難です。

そのため小学校では，他者の経験にふれながら，世の中にはどんな職業があるのかを知るのが効果的です。本多先生もこのことを意識して，地域のいろいろな方に来ていただいて，子どもたちに話を聴かせています。子どもたちはこうしたふれあい活動を通して，実に多くのメッセージを受け取っているのです。

■**他者にふれる体験が価値観を形成する**■

現代の小学生はいろいろな仕事をしている大人に直に接する機会があまりありません。身近な大人といえば，親や親戚程度という場合が多く，しかもその数少ない身近な大人から，必ずしも仕事の話を聞かされているわけではありません。

ですから，こうした機会にさまざまな仕事ぶりにふれることで視野を広げ，思考を刺激するのはとても有意義なことです。

こうした刺激が蓄積されていくと，将来のことをぼんやりとでも考えるようになり，自分は何を大切に生きていきたいのかという価値観が形づくられていきます。その結果，しだいに「なりたい自分」が見えてくるのです。非常に有意義な取り組みと言えます。

単元全体の計画　　5年生　道徳総合　14時間

見つめよう ぼくの夢 わたしの夢
―みんなの夢実現計画プロジェクト―

本多妃佐子
市川市立新浜小学校

❶ 単元（ユニット）設定の理由

　主体性がなく指示を待っている子ども，自分勝手な行動をする子ども，緊張や不安を抱えながら学校生活を送っている子どもなどが増えてきています。いまの子どもたちに欠けているのは，自分に対する自信や自己肯定感で，求められているのは，未来に対する夢や希望（展望）ではないでしょうか。

　子どもがエネルギッシュな人たちにふれ，その人たちを通して社会とかかわることにより，将来自分が何になりたいのか，何をしたいのかという見通しがもてるように「かかわる・学ぶ・生きる」活動を構成要素とした総合単元的な道徳学習を提案します。

❷ 単元（ユニット）の目標

- 「自分はどんな人間か」「どんな特徴があり，何を大切にしているか」気づきを深める。
- 話し合いの中で，互いの価値の違いを知り，一人一人が大切な存在であることを認識し，尊重し合う態度を養う。
- エネルギッシュな人々とのふれあいを通して，さまざまな見方や考え方にふれ，将来自分がどのように社会にかかわっていくべきかを考える。

❸ こころを育てる仕掛け

- 課題を自分の問題としてとらえられるようにし，自己決定能力と自己肯定感を育てる。

❹ 指導上の工夫

- 自分の夢を実現させるという明確な目的意識をもって，子どもが自らゲストティーチャーを探し出すという形式をとる。
- 選択や問題場面における自己決定力を促す。
- 話し合いによる合意形成能力をきたえる。
- 人間関係のスキルを獲得させる。

- 教師がカウンセリングマインドをもって,受容的雰囲気の中で子どものあるがままの姿を受けとめる。
- 「聞き合い」「認め合い」を通して,存在感や自己実現の喜びを感じさせる。
- ワークシートに思いを書き表すことで,能力・興味・性格的特性などの自己理解を深めさせる。

❺単元(ユニット)の指導計画　全14時間

1次 ぼくの夢 わたしの夢	夢をタイムカプセルに乗せて	1時間 (総合)	いまの自分のこと,20年後の自分の夢をタイムカプセルに託して伝えるには,どうすればいいのかな。自分の夢や大切にしていることについて考えよう。
	5年1組の夢	1時間 (道徳)	
2次 ふくらむ夢 はぐくむ夢	ふくらむ夢 はぐくむ夢	2時間 (総合)	夢を実現するにはどうしたらいいのだろう。そのためにお話を聞ける人を,地域のなかから自分たちで探してみよう。 【かかわる】取材する,情報交換する 【学ぶ】人間関係のスキルを獲得する 【生きる】地域の人の生き方や願いに共感し,「自分なら~」と考える。
	わたしたちの周りのエネルギッシュな人たち	1時間 (道徳)	
3次 みんなの夢 実現計画 プロジェクト	みんなの夢実現計画プロジェクト	8時間 (総合)	夢を実現するにはどうすればいいか,その仕事のすばらしさなどを,実際に聞いてみよう。 【かかわる】お話を聞く。漠然としていた夢を友だちや地域の人とのかかわりの中で見つめる。 【学ぶ】すばらしさや困難の克服に気づく。 【生きる】長期的な目標,短期的な目標が見えてくる。
	大切にしたいこと	1時間 (道徳)	

| 指導案① | 2時間目 | 1次 |

5年1組の夢

●教師の思いと授業のねらい，そのねらいを設定した理由
- 自分の考えを話したり，ほかの人の考えを聞いたりすることを通して，自分の夢やなりたい自分の姿を明らかにし，自分のもっている価値観や考え方の特徴に気づく。

　日々の生活の中で子どもは，自分がどんな人間でどんなことが好きか，またどんなことを大切にしているのか，気づかないまま過ごしています。ここでは，「夢」を媒介に自分と向き合い，じっくりと考え，聞いてもらう活動を通して，満足感や充実感を味わってほしいと考え，このようなねらいを設定しました。

●資料（教具・教材を含む）
- 読み物資料（自作）…事前に子どもにアンケートし，詩の形で全員の夢を載せた。
- 児童用ワークシート

●授業の工夫
- 詩の中に自分の夢を見つけ，みんなから認めてもらう満足感を味わえたか。
- 「価値のシート」により，自分や自分の価値について気づきを深められたか。

●授業の評価の観点
- 自分の夢を明らかにすることで，自分が何を大切に考えているか気づけたか。

●授業の様子や子どもたちの声

　O君の「コンビニの店長になりたい」という意見は，友だちに新鮮に映ったようです。普段あまり発表しないO君が，みんなから質問を受けて，懸命に答える姿は印象的でした。授業後に3名が，自分もコンビニで働いてみたいと感想を書いていました。

　足に障害をもつA子さんは，小さい声でしたが，はっきりと一語一語発表していました。A子さんの発表にクラスは静まりかえりました。授業後のJ子さんの感想です。

> 私は，A子さんが「ふつうのお母さん」になりたいと言ったことが，心に残りました。私はいつもわがままを言ったり，欲張ったりしてしまうけど，A子さんは「こうやって生きているだけでもしあわせなんだから」と言っていました。強いな，私も見習いたいなと思いました。A子さんなら，きっとやさしいお母さんになると思います。

　本時を通して，自分や友だちがどんなことを大切にしているか気づきを深めることがで

さまざまな職業体験から考える「夢実現プロジェクト」

きました。「意外な発見があった」「一人一人夢や考えが違う」と，いままで気づかなかった友だちのよさや違いにも気づいたようです。

● 引用・参考文献
- 諸富祥彦『道徳授業の革新―「価値の明確化」で生きる力を育てる』明治図書

	学習活動と子どもの様子	ポイントと留意点
導入	①自分の将来の夢について考える。 「あなたは将来どんな大人になりたいですか。どんな夢をもっていますか」 ・「看護師になりたい」「野球の選手が夢」「ピアノの先生になりたい」	・前時までの活動を振り返り，20年後の自分を想起させる。
展開	②資料を読んで，自分の考える「未来の夢」を明らかにする。 ・教師の範読を聞く。 ・自分の考える夢だと思うことと，それを選んだ理由をワークシートに書く。 ・「バスケットボール選手…マイケル・ジョーダンのようになりたいから」「お花屋さん…花が大好きだから」「大金持ち…好きなものが何でも買えるから」 ③小グループごとに聞き合う。 ・「~さんがなりたい職業について，もう少し詳しく教えてください」「そういう考えもあったんだ」 ④全体で話し合う。 ・「ふつうのサラリーマンと書いた人の考えを教えてください」「夕食をいつも家族で食べたいと書いた人の詳しい話を聞きたい」 ⑤活動を振り返る。 ・「最初は恥ずかしかったけれど，みんなに聞いてもらってうれしかった」「~さんが，きっとなれると言ってくれたのがうれしかった」「何か，自分にもやれそうな気がして，自信がついてきた」	・各自が自分の考えをしっかりと持てるように，時間を十分に確保する。 ・自分の考えと合うものがなければ，その他をつけ加えてよいこととする。また，複数の選択も認める。 ・グループを回り，共感的に意見を聞くことで，自分の考えに自信がもてるように援助する。 ・話し合いを全体に広げるために，ネームプレートを置いて，全員の考えを明らかにする。
まとめ	⑥ 本時の感想を記入する。 ・「自分が何になりたいのか，どんなことをしたいのかがわかった」 ・「~さんの考えを聞いて，新しい発見があった」 ・「一人一人思い描く未来の夢が違っていた」 ・「本当に夢を実現したくなった」 ⑦ 何人かの発表を聞く。	・「気づいたこと」「感じたこと」「学んだこと」「新たに知ったこと」「自分がこれからしようと思うこと」などを記入させる。 ・書く活動を通して，もう一度じっくりと自分を見つめさせる。

| 指導案② | 9時間目 | 3次 |

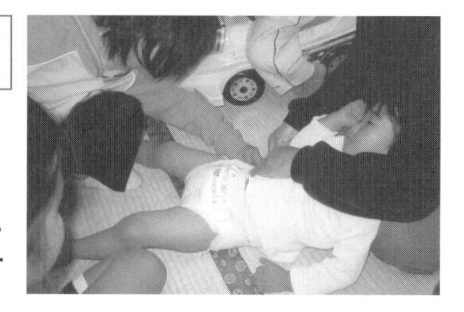

大切にしていきたいこと

● 教師の思いと授業のねらい，そのねらいを設定した理由
- 自分の考えを話したり，ほかの人の考えを聞いたりすることを通して，自分が「これから大切にしたいこと」を明らかにしていき，それを実行しようとする気持ちをもつ。

　人生の先輩として，さまざまな経験を重ねてきた保護者や地域の人たちと共に学習を進め，生き方のモデルとしてかかわることで，自分づくりを援助することができると思い，このねらいを設定しました。

● 資料（教具・教材を含む）
- 読み物資料（自作）……126ページ　　（一緒に学習してきた，保護者や地域の人たちからメッセージをいただき，まとめた）
- 児童用ワークシート1枚……126ページ

● 授業の工夫
- ワークシートに新たな気づき，共感，解決方法を書き込み，話し合う活動を通して，さらに自分の価値を明確化する。

● 授業の評価の観点
- 保護者や地域の人とかかわり，学ぶことにより，自分がどういうことを大切に考えているか気づくことができたか。

● 授業の様子や子どもたちの声

　漠然としていた夢を，友だちや地域の人たちと一緒に見つめ，確かなものとしていく中で，子どもたちは日常生活ではなかなか気づかない自分のよさやほかの人のよさ，さまざまな人に支えられていることに気づいたようです。

　「私は自信がなくて，失敗を恐れている自分がいることに気がつきました」いつも自信にあふれているように見えるU子さんの発言は，友だちにもU子さん自身にも新しい発見だったかもしれません。「自分についてのイメージが明らかになる」「自分のことが好きになった」「友だちを受け入れられるようになった」などの発言があり，子どもたちは間違いなく生き生きとしてきます。

さまざまな職業体験から考える「夢実現プロジェクト」

	学習活動と子どもの様子	ポイントと留意点
導入	①前時までの活動を振り返る。 「先輩や地域の人のお話を聞いて，どんな言葉が心に残りましたか」 ・「友だちや家族の支えがうれしかったという話」 ・「夢は実現するためにあるという小山さんの話」 ・「子どものころは，たくさん遊んだほうがいいという森永さんの話」	・具体的な場面や事柄に呼応して考えられるようにする。
展開	②資料を読んで，これからの自分にとって大切なことはどんなことか考える。 「自分にとって大切だと思うことと，それを選んだ理由をワークシートに書きましょう」 ・「失敗したことを生かす…失敗するとあきらめてしまうことが多いから」 ・「自信をもつ…何をするにも自信がないとできないから」 ③小グループごとに意見を聞き合う。 ・「自分らしさを出すということについてもう少し詳しく教えてください」 ・「協力し合うということは〜と同じことですか」 ④全体で話し合う。 「自分の選んだ項目にネームプレートを置きましょう」 「友だちへの質問はありますか」 ⑤もう一度，これからの自分が大切にしたいことを考える。 ・「はじめは，『最後まであきらめずにやる』を選んだけれど，友だちの意見を聞いて，『自分に自信をもつ』に変えた」 ・「ぼくは，はじめと同じように，『自分らしさを出す』ことをこれからも大切にしていきたい」	・自分の考えと合うものがなければ，資料にはない事柄（その他）をつけ加えてもよいこととする。また，複数の選択も認める。 ・グループを回り，共感的に意見を聞くことで自分の考えに自信が持てるように援助する。 ・自分と友だちの考えの相違に注目させる。 ・必要に応じて，教師から質問をして，論点を広げたり絞ったりするようにする。
まとめ	⑥今日の学習を振り返る。 「だれのどんな意見が心に残りましたか」 「学習の感想を書きましょう」 ・「自分がどんなことを大切にしたいのかがわかった」 ・「〜さんがこんなふうに考えていたなんて知らなかった」 ・「一人一人大切にしたいことが違うんだ」 ・「みんなの考えが違うから，みんなすばらしいのだ」	・書く活動を通して，もう一度じっくりと自分を見つめさせる。

単元指導の実際

❶ 実践の記録と成果

　図1は、学習の終了後の感想より、要点の代表的なものを抜き出した件数です。これによると、多くの子どもたちが、自分を見つめ、自分がどんな人間でどんなことを大切にしていきたいのか、価値の自覚を深めることができました。十分に時間をかけて、ワークシートに思いを書き表すことで、自分自身を見つめることができましたし、「個人学習」→「小グループ活動」→「学級全体での活動」→「個人学習」という学習形態も、自分の思いを知るのに役立ったといえます。グループや全体での「聞き合い」「認め合い」を取り入れたことも、「違う意見もなるほどと思った」「夢は違っても思いは同じ」というように、ほかの意見をより尊重できるようになった点で効果的でした。

　さらに、子どもたちの感想からは、「言いたいことははっきりと伝えたほうがいい」「あいさつはどんな仕事についてもたいせつだ」など、多くの人と交流することで人間関係のスキルを無理なく獲得していったことがわかります。ゲストティチャーとの交流が、「あの人のようになりたい」「あんなふうに生きてみたい」と、子どもたちに生きる意欲をもたせ、思い（心情）が変化したことは、大変意義のあることでした。

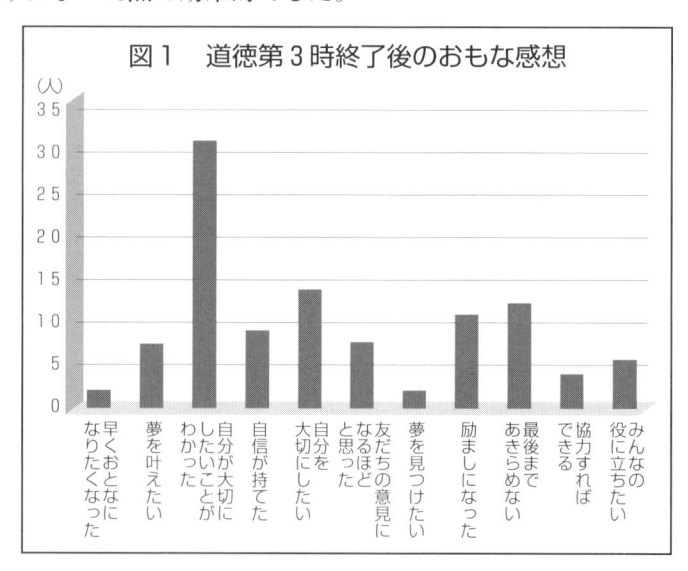

図1　道徳第3時終了後のおもな感想

　また、「子どもの自己像」を授業前と授業後に調査したものを見てください。表1は「あなたは幸せですか」という問いについて、表2は「自分が好きですか」という問いについての変化の様子です。

表1 自分はしあわせ

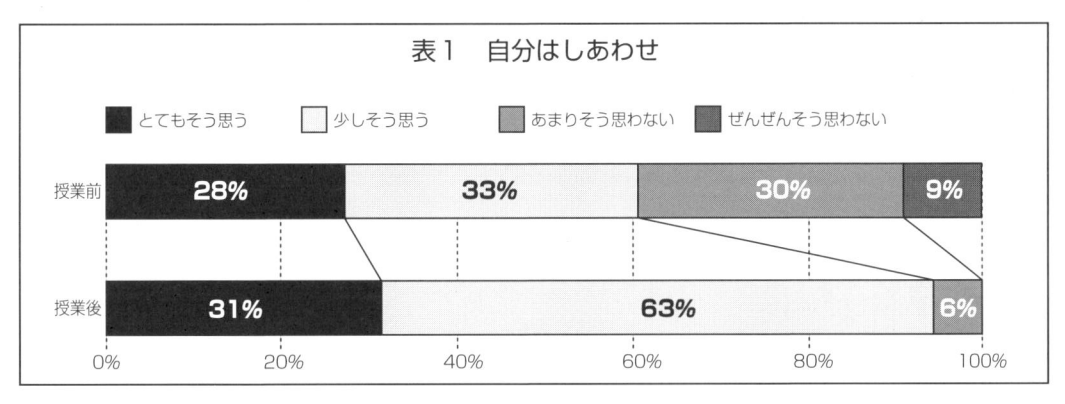

■ とてもそう思う　□ 少しそう思う　▨ あまりそう思わない　▨ ぜんぜんそう思わない

	とてもそう思う	少しそう思う	あまりそう思わない	ぜんぜんそう思わない
授業前	28%	33%	30%	9%
授業後	31%	63%		6%

表2 自分が好き

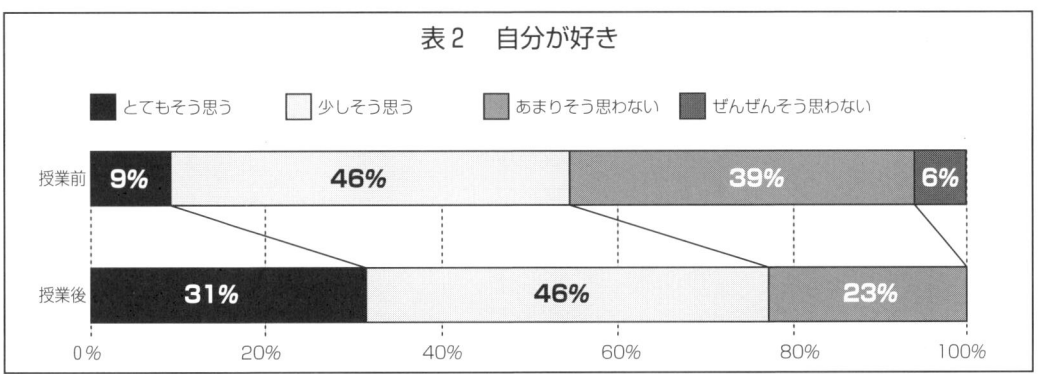

■ とてもそう思う　□ 少しそう思う　▨ あまりそう思わない　▨ ぜんぜんそう思わない

	とてもそう思う	少しそう思う	あまりそう思わない	ぜんぜんそう思わない
授業前	9%	46%	39%	6%
授業後	31%	46%	23%	

　「あまりそう思わない」「ぜんぜんそう思わない」と否定的な回答をしていた子どもが確実に減少しました。中でも、「ぜんぜんそう思わない」が０％になったことは、予想以上の成果でした。「自分づくり」の過程で、思いをみんなに伝えたこと、「聞き合い」を通してみんなに認めてもらうことにより、充足感が得られたことが子どもの感想からわかります。また、先輩や地域の人たちから未来についてのエールをいただいたことも自信につながっていると思われます。

❷ 課題

　総合単元の中に体験活動と思考活動（道徳）を適切に位置づけることは、子どもたちの認識と心情の深まりに有効であることがわかりました。ゲストティーチャーという生きた教材のもつ効果を最大限に引き出すためには、できるだけ多くの人材にふれる必要があるといえるでしょう。

❸ 引用・参考文献

- 國分康孝編集代表『進路指導と育てるカウンセリング』図書文化

「夢・未来」学習カード

名前　　　　　　　　　　No.

1 これからの自分が大切にしていきたいことは何ですか。理由も書きましょう。

① 体力をつける
② 回りの人に好かれる
③ 外国の人や考えの違う人と仲良くやっていく
④ 目標を持つ
⑤ 自信を持つ
⑥ 約束を守る
⑦ 言いたいことをはっきり言う
⑧ 協力し合う
⑨ 自分らしさを出す
⑩ 決めたことをやりぬく
⑪ 他人のせいにしない
⑫ 最後まであきらめずにやる
⑬ 失敗したことを生かす
⑭ 自分の思いを大切にする
⑮ 学習することを生かす
⑯ その他

これからの自分が大切にしたいこと	理　由

2 グループで聞き合いをしましょう。聞き合いのようすをメモしましょう。自分の思いからもっともはなれていることを選び、聞き合いをしてみましょう。

反達の考え	

＊聞き合いがひとつおわったら、自分の思いからもっともはなれていることを選び、聞き合いをしてみましょう。

3 全体で話し合いましょう。

4 今日の学習をふりかえってみましょう。（どんな意見が心に残りましたか）
　　　　　君・さんの　　　　　　　　　　　　　　　　　　　　　　という意見
［今日の学習の感想を書きましょう］（考えが変わったこと、自分について考えたことなど）

メッセージ

まずは「体力」。どんな仕事でも、体力・気力が必要だ。語学はいまから、皆のうち、三郎、寮に帰らないことだってある。1人じゃ仕事はできないから、200人のプロジェクト・チームのなかで、どんな仲間ともうまくやっていくかが大切になった。コンピュータも、世界中とつながっている。相手に、「大丈夫」と伝えるのに、英語の単語通じるんだ。想像してごらん、イチローのいるシアトル、世界のコンピュータ一の基地だよ。

コンピュータエンジニア

一果てしない場の実現一
「夢」は、かなえるためにある。目標を持ったら、きっとかなる。自分の夢に突き進むことは、すごく大事。人の言うことでなくても、自分がいまの自分を大切にして、人のまねをしないで、もっと自分しくなっても、いまの時間を無駄にしないで。それに、締め切り前の「修羅場」も何度か、見知らぬ人たちからファンレターをもらうと、見たこともないところで読んでくれているんだなって、発送することの大切さを思う。おでんぱもいい、たくさんあるけれど、漫画家になってよかったって、しみじみ思うわ。

マンガ家

元気なあいさつ、明るい笑顔「いらっしゃいませ！」「ありがとうございました」1人が1日1000人はふつう。レジ、品出し、掃除、2500アイテムの商品管理、スタッフが100人間は、捨てることできることだらけです。「損得」より「お客様」第一。そうならないように。賞味期限を見極めて、形も色も見極めて、発注する。おてんばはたくさんあるけれど。セブン・イレブンはぶっちゃけたくさんあるけれど。「おでんはって見て見てください、全国9位」

コンビニエンス・ストア店長

「チューリップ」は、どの鍵盤を押しても、そうしていると、オリジナルのアイディアが浮かんでくるから、失敗かの恐いもんはないから、自分で練習してしていきます。
ピアノって、幼稚園のときから、ピアノは私の先生。1日3時間、休みの日は1日中だって弾いている。
手がハえい、目が悪い、まはしめの、体のせいにしない、めいっぱいでっていけない。
ピアノが好きだから、正しいでも楽しくひけるときを、だれかに知ってもらいたい気持ちがうらやましい。何か足りないような気がする。
人前にも出ながらも、おどおどしないようなと思うときのときのいないから、この仕事きたて生きたいんです。

ピアノ講師

現場の一しみが体力をしている。
実物よく見ている人のよ、そうすることと、きっと見えるから、失敗やがてみんななかった時は、何度もとられる。
どうしてそんなに元気かってそれは、やりたいことはやりきるから、あきらめずにもっとすきになれることを、色々見つけていくんです。
まが感じた気持ちを、伝えられるくように。
目のそばんなことを未来に残していくのは、みんなの大事な仕事なのよ。

紙芝居ボランティア（86歳）

現実味は甘くない。
「ほめばいい」って、まずは言いたい。でも、先生の友達には、「プロ野球の選手になりたい」、どうし野球のキャッチャーをする子にも。「グラウンドでもだらだらしている、相手に届く声を出していない、実践の時、その場、もっとどうしたらいいか、みんなで考えて、あの時話してあげたら、コツコツと努力する気持ちがあったら、気力がかならず結果の芽になるよ。」

バスケットコーチ（本校教諭）

この間、ムキムキのからだになりたいんだって、ほら、思い切ってできて違う顔の前が出でているのね、お父さんもお母さんも、みんなの思いを知って、みんな応援してあげる。夢が一気に実現するなんで、ありえない、つまらないじゃないの。夢への階段を一段ずつ登っていこう。

バスケットコーチ（本校保護者）

昔、おさな子さんが交通事故にあって、やさしくお世話してくれる看護師さんを見て、なりたいなとおもいました。小学校の学芸文集に「将来の夢は、看護婦さん」と、書きました。
薬は、教えきれないほどの種類があります。先生から指示されたことを、ちょっとして声に出すようにして確かめをすることで、人の話を聞くとか、当たり前のことを小さな頃からしっかりできることによってお願いすることが大切です。
患者さんがちょっと変なきたきているので、つらいけと、「あり」がとうと言われると、この仕事を選んで、本当によかったと思います。

看護師

身の回りの問題に取り組む

すご腕教師の国際理解教育「外国からの転入生」

　小学校5年生　　道徳　　2時間

土田雄一

諸富祥彦が語る
この実践 ここがポイント！

■優れた教育実践のキーワードは「意外性」■

　優れた教育実践と言われるものには，子どもたちをはっとさせる意外性が必ず盛り込まれています。土田先生のプログラムはまさにこの"優れた教育実践"の好例です。子どもたちは"知るべき事実"を知ることによって，大切な何かに気づき，成長していきますが，その機会を非常にうまく設定しています。

　今回，テーマには「ブラジルから来る転校生」という道徳教材が使われています。身近で考える必要性があり，しかも簡単には答えを出すことのできないテーマが設定されています。こころを育てる授業では，このようにたやすく解決できない問題を取り扱うことが重要なポイントとなります。

　ここでは単に外国人とのつきあい方を学ぶことを目的にしているわけではありません。偏見や先入観を持ってつき合うと，お互いどんなことになるのかを，実感をもって学ばせているのです。

■トップクラスの先生の工夫点■

　土田先生は子どもたちを授業に引き込んでいくために，ランキングづくりなどゲーム的要素を非常にうまく組み込んでいます。何が大切かを学ばせるだけでなく，熱中できる要素を巧みに配置しているのです。このあたり，さすが千葉県の教師ナンバーワンの呼び声が高い先生だけあります。

　学級活動と道徳の授業の違いは，学級活動の場合は具体的な決定をするために多数決原理が優先しますが，道徳では「自分はこう考える」という自己決定原理が貫かれているという点です。土田先生は，グループや全体での考え方を大事にしつつ，それに流されることなく，個人としてしっかりと考えを持たせる工夫もしています。そんなところにもぜひ注目していただきたいと思います。

単元全体の計画

5年生　道徳　2時間

日本に住む外国の友達と共に生きるために

土田雄一
千葉県子どもと親のサポートセンター

❶ 単元（ユニット）設定理由

　私は1987年から3年間，南アフリカ共和国ヨハネスブルグ日本人学校に赴任していました。日本人は少数でしたが，息子は現地の幼稚園に楽しく通い，娘も現地で生まれました。「アパルトヘイト」末期の政権下でも，現地の人たち（白人・黒人）にはよくしていただいたと感じています。

　現在，日本にはたくさんの外国人や日系人が住んでいます。公立小中学校で一緒に勉強をすることも以前より珍しくなくなってきました。しかし，受け入れる側の私たち日本人（多数＝マジョリティ）は，外国人（少数＝マイノリティ）に対して開かれているでしょうか。異国で不安を抱えながら生活する人々を，差別や偏見なく，受け入れているのでしょうか。

　国際化はますます進むでしょう。これからは，一人一人の子どもたちが「共に生きる仲間」という意識をもち，外国人と接していくことが大切だと考えています。いじめでもそうですが，差別する側の意識と差別される側の意識には大きなずれがあります。少数の人たちの立場や気持ちを考え，ときには意見が対立しても，互いに認め合える関係づくりの基礎になればと願い，この実践を行いました。

❷ 単元（ユニット）の目標

- 日本に住む外国人に対して，先入観や偏見をもたずに，寛容の心をもって受け入れようとする気持ちをもつ。
- 自分と違う意見や考えの人を受け入れる。

❸ こころを育てる仕掛け

　「価値の明確化」理論に基づいた「ランキング」とグループ形態の「聴き合い活動」を活用します。自分自身の考えを明確にするステップとともに，自分と違う人の意見を聞くことと，人に聞いてもらう，受け入れられることの心地よさを体験させることで，受容的な

こころを育てたいと考えます。

❹ 指導上の工夫

このユニットは「外国人の子が転入してきたら」という場面を考える、シミュレーション的役割を果たすものです。近い将来、子どもたちは外国人と机を並べて勉強するかもしれません。あるいは一緒に仕事をするかもしれません。近所に住むことがあるかもしれません。そのときにいちばん大切なことは「先入観や差別・偏見を捨てて、一人の人間として寛容な心をもって受け入れよう」という気持ちだと思います。

そこで、第1次の道徳の時間では、身近にもひそむ「先入観（ステレオタイプ）」や「差別・偏見」に気づかせたいと考えました。

指導方法としては、自作の読み物資料を使いますが、資料を配付せず、授業者が読みながら進める「場面再生法」をとります。これは、結末がわからないようにするためです。

第1次をふまえ、第2次では、実際に「外国人の子が転入してきたらどうしたらよいのか」ということを項目のランキングで考えます。

ここでは、個人→グループ→全体→個人という「価値の明確化」のステップに基づいて行うことで、自分の考えや価値をはっきりさせたいと考えました。

さらに、グループでの話し合いは、「友達の意見をよく聴き、相手を否定しない」という「聴き合い活動」で進めます。自分の意見を否定されない「聴き合い活動」により、互いに認め合うことの大切さと自分の意見が受け入れられる心地よさが体験できます。

不安を抱いてやってくる外国人に対しての接し方をシミュレーションするだけでなく、互いに認め合い、受け入れ合うことの「よさ」を体感させることに、このユニットのねらいがあります。

❺ 単元（ユニット）の指導計画　全2時間

1次	先入観や偏見に気づく	ブラジルからの転入生	1時間（道徳）
2次	受け入れ方を考えよう	外国人の子が転入してきたら	1時間（道徳）

| 指導案① | 1時間目 | 1次 |

ブラジルからの転入生

●**教師の思いと授業のねらい，そのねらいを設定した理由**

「黒人はリズム感がいい」「ブラジル人はサッカーがうまい」という思いこみがないでしょうか。しかし，実際には「リズム感のよくない黒人」や「サッカーが下手なブラジル人」もいます。以前，「サッカーが下手なブラジル人の子」が転入してきたことがありました。周囲はがっかり。この先入観は，転入生のよさに気づくのを遅らせたように思います。先入観や偏見のこわさと，それが身近な生活の中にもひそんでいることに気づかせたいです。

●**資料（教具・教材を含む）**
・自作資料「ブラジルからの転入生」※
　○あらすじ
　　ブラジルから男子の転入生がくることになった。サッカー好きの男子は「サッカーが強くなる」と盛り上がる。しかし，転入生はサッカーが苦手。男子はがっかりし，気まずい雰囲気になる。しかしその後，転入生は「歌がうまい」というよさをもっていることに気づく。転入生に対して勝手にイメージをつくり上げていた主人公は，自分が恥ずかしくなる。

●**授業の工夫**
・資料を配付せず，読み聞かせながら進める「場面再生法」で実施する。

●**授業の評価の観点**
・先入観・偏見をもつこわさや身近にある偏見に気づくことができたか。

●**授業の様子や子どもたちの声**

子どもたちは関心をもって授業に取り組みました。主人公に共感しつつ，転入生の気持ちにも共感することができました。資料にとどまらず，「塾に行っていると頭がいい」「女の子は料理がうまい」などの身近にある偏見についても考えを深めることができたのには驚きました。最後の感想には「へんな常識や見た目で判断しないようにしよう」など，先入観や偏見を見直そうとする記述が多くみられました。子どもたちの授業への満足度も高い授業になりました（このような授業を「またやりたい」が100％でした）。

●**参考**
※自作資料「ブラジルからの転入生」は一部改作され，副読本「新しいどうとく　4年」光文書院に掲載されている。

	学習活動と子どもの様子	ポイントと留意点
導入・展開	(1)「ブラジル」という国について知っていることを発表する。 　・「サッカーが強い」 　・「アマゾン川がある」 　・「コーヒーが有名」など (2) 資料「ブラジルからの転入生」を場面ごとに読みながら話し合う。 ①ブラジルから転入生がくるとわかった場面 　○「ブラジルから転入生がくるとわかったとき『ぼく』はどんな気持ちだったでしょう」 　・「サッカーが強くなるぞ」 　・「楽しみだなあ」 ②転入生がサッカーが下手だとわかった場面 　○「ヨシオくんがサッカーが本当に下手だとわかったとき，『ぼく』はどんな気持ちだったでしょう」 　・「なんだよ，がっかり」 　・「へたくそ」 　・「ブラジルからきたくせにサッカーが下手だなんて」 　○「ヨシオくんはどんな気持ちだったでしょう」 　・「かなしい」 　・「ショック」 　・「下手だって言ったのに」 ③ヨシオくんが歌が上手だとわかった場面 　○「うれしそうなヨシオくんの顔を見て，『ぼく』はどんなことを考えたでしょう。ワークシートに書きましょう」 　・「歌なら1組に勝てるぞ」 　・「人によって特技はあるんだな」 　・「勝手にサッカーがうまいと決めつけてごめんね」 　・「でも，サッカーが下手だなんてブラジル人じゃないみたい」 (3) 自分たちの生活の中にある先入観や偏見について考え，話し合う。 　○「私たちの身近にも思いこみや偏見はありませんか」 　・「塾にいっていると頭がいい」 　・「女の子は料理がうまい」 　・「男の子は外で遊ぶ」	・発言を受容的に受け入れる。 ・足りない部分は補足説明をする。 ・資料を配付せずに場面再生法で進める。 ・期待感が大きかったぼくたちの気持ちに共感させる。 ・期待感が大きかったことを押さえ，落胆の気持ちも大きいことに気づかせる。 ・立場を変えて，ヨシオくんの立場に立って考えさせる。 ・ふきだし付きのワークシートを配布。 ・ワークシートの記入や子どもの発言を受けて身近にある思いこみ・偏見に気づかせるようにしたい。 ・なにげない生活の中にも偏見があることに気づかせ，さらに相手の気持ちを考えさせたい。
まとめ	(4) 今日の学習から考えたことを振り返る。 　・人を勝手に決めつけちゃいけないな。 　・塾に行っているからとか「へんな常識」を作らないで友だちとかかわりたい。 (5) 次時の予告をする。 　○実際に外国から転入生がきたらどのようにかかわったらいいか考えてみましょう。	・ワークシートに考えたことを記入させる。 ・次時の見通しがもてるようにする

指導案② 1時間目 2次

外国人の子が転入してきたら

吹き出し：「あいさつをする」「一緒に遊ぶ」「日本語を教える」

● **教師の思いと授業のねらい，そのねらいを設定した理由**
　前時で「先入観」や「差別・偏見」をもつことのこわさについて気づくことができました。ここでは，実際に，外国人の子が転入してきたとき，どのようにすることがいいのかを考えさせたいと思いました。言葉の問題・慣習の違いを乗り越えるために，何が大切かを考えることは，実際に出会ったときに生きてはたらく力になるでしょう。

● **資料（教具・教材を含む）**
・自作資料「外国人の子が転入してきたら」……136ページ

● **授業の工夫**
・日本語がよくわからない外国人の子が転入してきたとき，仲よくなるために大切だと思うことをランキング（9項目のダイヤモンド・ランキング）する。
・自分のランキングをもとに，グループで聴き合い活動をして，合意形成を図る。

● **授業の評価の観点**
・転入してくる外国人の子の立場に立ってランキングを進めることができたか。
・グループ内で自分の考えを話したり，友だちの考えを聴いたりすることができたか。

● **授業の様子や子どもたちの**
　前時の授業を思い出すことが導入になりました。先入観や偏見をもっていたことで，転入生をうまく受け入れられなかったことを確認。そこで，ワークシートを配布。「日本語があまりできない外国人の子が転入してきたら，どうしたら仲よくできるのか」という課題に対して，子どもたちは真剣に取り組んでいました。

　そして，4人グループで「相手の考えを否定しないこと」「グループのまとめは多数決では決めないこと」「決まらなかったらその理由を話せばいいこと」などを約束に「聴き合い活動」をしました。子どもたちはそれぞれのグループでいきいきと話し合っていました。「わからないことがあったら教える」「仲間はずれにしない」「失敗しても笑わない」「一緒に遊ぶ」が上位でした。

　下位は「相手の言葉を覚える」「握手する」「日本語を教える」でした。上位は日本人の転入生にも当てはまるものです。下位は外国人の特殊性を示したものでしたが，子どもたちはそこまでの意識はなかったようです。とりあえずは，日本の学校生活に慣れてからという考えかもしれません。

今回のランキングとグループ形態の「聴き合い活動」は子どもたちにはとても評判がよく，前回以上に好評でした。自分の意見を安心してたくさん話せ，いろいろな人の意見を聞くことができる授業パターンはこのクラスの子どもたちに受け入れられたようでした。

	学習活動と子どもの様子	ポイントと留意点
導入	①前時の学習を振り返る。 　○「ブラジルからの転入生」の授業で心に残っていることを発表する。 　　・勝手な思いこみはいけない。	・転入生に対して偏見をもつことは，相手にとってつらいことがあることを押さえる。
展開	②外国人の子が転入してくることになったとき，どうしたら仲よくなれるかランキングをする。 　○ワークシート（136ページ）に自分で9項目のランキングをする。 　　・1位と5位について，選んだ理由も書く。 ③グループで考えを発表し合い，グループの中でのランキングをしなおす。 　○「友だちの意見を否定しない」「多数決で決めない」「決まらないときは迷ったところを説明する」などの話し合いの約束を確認する。 　○まとまったグループから黒板に記入する。 ④全体のランキングの傾向と話し合った経過について発表し合う。 | 班	1位	2位	3位	4位	5位
---	---	---	---	---	---
1	カ	アキ	ウエケ	クイ	オ
2	ケ	イク	アウエ	カキ	オ
3	ク	イウ	アエ○	キ○	オ
4	エ	イク	ウカケ	アキ	オ
5	イ	エク	アウケ	オカ	キ
6	イ	エウ	カクケ	オキ	ア
7	キ	アウ	エクケ	オカ	イ | 　・「1位がかなり分かれた」 　・「下の方はオ（相手の言葉を覚える）が多いよ」「相手の言葉を覚えるのは，すぐというよりも少し先かな」 　・「イ（わからないことがあったら教える）は聞いてくれたらうれしい。それから仲よくなれる」 　・「ウ（いっしょに遊ぶ）は仲よくなりやすくなる」 ⑤全体の話し合いや意見を聞いて，もう一度自分でランキングをする。	・ランキングのやり方がわからないクラスでは，簡単な練習をするとよい（理由を考え3つの順位をつけるなど）。 ・約束を明確にする。 ・話し合いのルールを書いたカードを作るとよい。 ・机間援助をし，話し合いの補助をする。 ・時間までに順位が決まらなかった項目はそのままでよいこととし，迷っている理由を発表する。 ・全体の傾向を上位と下位に注目させて話し合う。 ・話し合いの経過や理由を大切にさせる。 ・それぞれの理由のよさを確認しながらすすめる。 ・赤で記入させるとわかりやすい。
まとめ	⑥学習を振り返り，考えたこと気づいたことをワークシートにまとめ，発表し合う。 　・「外国人の子が転入してきたらやさしくしたい」 　・「いろんなことを教えてもらったり，教えたりしたい」	・ワークシートに記入させる。

単元指導の実際

❶ 実践の記録と成果

　「先入観や偏見を少なくし，外国人の子どもたちを寛容と思いやりの心をもって受け入れてほしい」というのが私の実践への願いでした。この2時間の授業を通して，子どもたちが予想以上の反応を示したことに驚きました。

　まず，子どもたちが「受容的で積極的に授業に取り組んだこと」があげられます。初対面の教師の「飛び込み授業」であったにもかかわらず，かたさもあまりみられず，のびのびと自分たちの意見を言うことができました。担任の学級経営のすばらしさによるものではないかと感じました。

　次に，「柔軟性」です。担任の行ってきた道徳の授業は，従来型の「資料を読んで，主人公の気持ちなどについて考える授業」が中心であったと聞きます。この2時間は，子どもたちにとって初めての授業スタイルでした。資料を配付せずに行う授業。ランキングと聴き合い活動による授業。これらの授業に対して，楽しみながら取り組むことができました。とくに「聴き合い活動」は，比較的おとなしい子どもたちにとっては「自分の意見を否定されずに話し合いができる安心感」がよかったのではないでしょうか。

　どちらの授業も「またやりたい」が100％という，子どもたちにとって満足度の高い実践でした。二つの授業でどちらがよかったかを聞いたところ，「外国人の子が転入してきたら」をあげる子の方が圧倒的に多かったです。「一人一人の発言の場が確保されていた」ことが大きいと感じています。第1次の「ブラジルからの転入生」ではねらいの深まりはよかったのですが，授業記録を分析すると発言しなかった子もおり，自分の思いをほかの人に伝えられなかった子が存在していました。第2次では「聴き合い活動」を行ったので，自分の意見を少数のグループ内で話し，受容的に受け入れてもらうことで，ねらいとは別の次元でも「心理的な満足感」を得たのではないでしょうか。自己主張の強い子には不向きな授業スタイルだと思いますが，「人を受け入れ，あたたかい人間関係づくり」「友だちを認め合う学級づくり」に有効な手法だと実感しました。

　単元全体としては，授業スタイル（手法）の特性とからみあって，子どもたちの意識がかなり育ったのではないかと思います。もし，このクラスに日本語があまりできない外国人の子が転入してきたら，きっと比較的スムーズな受け入れができるでしょう。子どもた

ちのワークシートには相手のことを考えた記述がたくさんあったからです。「あいさつすればきっとうまくいくって思ってくれると思う」「握手は人と人をつなぐ何よりのもの」「日本語を教えてあげるうちに仲よくなる」「日本の歌や日本の遊びを教えてあげたい」などです。

わずか2時間のユニットでしたが、子どもたちの意識を変えるきっかけになったと思います。「考えが変わった」という子どもが約7割いました。

❷課題

このユニットは、国際性を育てる「きっかけづくり」のものです。これですべてではありません。よりよいものにするには、①体験と結びつけたユニットの工夫をする、②日本への理解を進める授業を実施する、などがポイントでしょう。

しかし、私は「イベント的な国際理解」や「英語教育＝国際理解教育」については消極的な考えをもっています。きっかけづくりとして意味があるのは確かです。しかし、日常生活レベルとなると、かなり違うのではないでしょうか。共に生活するなかではトラブルもあります。いい面ばかりではないのです。価値観の違いや慣習の違いによる行き違いも生じるのがふつうです。そこでどうするのかを学ぶことが本当の国際性を育てることになるのではないでしょうか。きちんと意見を主張するところは主張し、受け入れるところは受け入れ、共に生きていく仲間としてとらえられることが大切だと考えています。

本来ならば、このような問題にも切り込んだ実践を紹介したいのですが、その後は担任をしていないので、子どもたちにじっくりかかわりながら「差別や偏見」「共に生きること」について向き合う実践はできませんでした。ぜひとも年間を通して、このような問題に取り組んでいただきたいです。

外国人が身近にいる、いないにかかわらず、一人の人間としてどのように人とかかわって生きていくのか考える意味でも大切な分野だと思います。また同時に、日本のよさを見直すユニットも必要だと思います。

❸引用・参考文献

- 明石要一序、土田雄一著『国際性を育てる道徳の授業』明治図書
- 土田雄一「国際性を育てる道徳指導のあり方」平成八年度千葉県長期研修生研究報告
- 尾高正浩「個が生きる道徳の時間の指導法の工夫 価値の明確化理論に基づいて」平成八年度千葉県長期研修生研究報告

── 外国人の子が転入してきたら ──

　クラスに日本語がよくわからない外国人の子が転校してくることになりました。どうしたら仲よくなれるでしょうか。大事だと思うことを次の中から選んでランキングしましょう。

ア：あいさつをする　　　　イ：わからないことがあったら教える
ウ：いっしょに遊ぶ　　　　エ：失敗してもわらわない　　　オ：相手の国の言葉を覚える
カ：日本語を教える　　　　キ：あくしゅをする　　　　　　ク：仲間はずれにしない
ケ：自分から話しかける

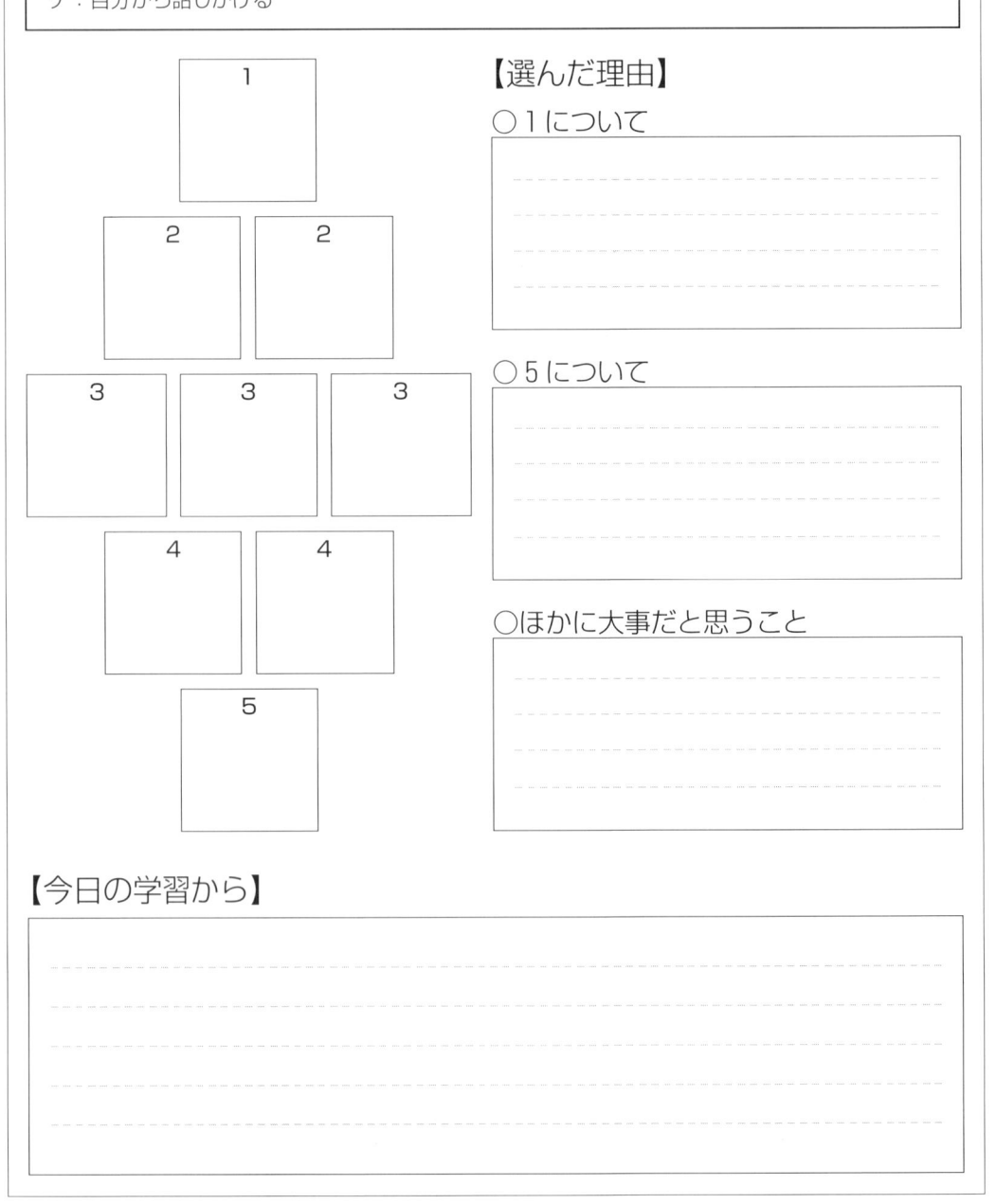

```
        [ 1 ]

    [ 2 ]  [ 2 ]

 [ 3 ]  [ 3 ]  [ 3 ]

    [ 4 ]  [ 4 ]

        [ 5 ]
```

【選んだ理由】

○1について

○5について

○ほかに大事だと思うこと

【今日の学習から】

身の回りの問題に取り組む

楽しい食育で自律心が育つ

小学校1～2年生　学活・総合　5時間

並木孝樹

諸富祥彦が語る
この実践 ここがポイント！

■**最大のポイントは「セルフコントロール」**■

ご存じのように，食に関する教育について，文部科学省も本格的に取り組みを始め，「食育」が非常にクローズアップされています。この食育における最大のポイントは「セルフコントロール」。つまり食に関する知識を得て，自分で自分の食生活を充実させていくことのできる自律的な人間になることを目指します。

食と並んで性など，人間の生活の基礎をなす事柄について，教師はとかく威嚇教育になりがちです。これまではそれが主流でした。「何でも食べなければならない」という押しつけに対し，子どもたちはできれば食べずに済ませたいという考え方に走りやすいものです。それに対し，現代の食育は，必要な事実を知ることによって，自律の習慣をつけ心を育てていくものです。

しかしながら世間の注目度とは裏腹に，食専門の教師を配置することはなかなか難しいという現実があります。したがって，学級担任がもっと食育の問題に関心をもち，取り組むべきでしょう。毎日，給食時間の様子を見ている学級担任が食の教育に関わるというのは，非常に意味があるのです。

■**テンポのよさが光る実践**■

並木先生の優れているところは，授業のテンポが非常にいいところです。この授業のなかではウルトラ野菜マンというキャラクターを登場させていますが，こうした発想には子どもたちも大喜びです。また，導入もうまく，クイズ感覚でぐいぐいと子どもたちを引き込んでいきます。

こうした並木先生の実践を参考に，ぜひ多くの先生方に，食の問題は心の教育にも直結するという意識を持って，積極的に食育に取り組んでいただきたいと思います。

| 単元全体の計画 | 1～2年生 | 学活総合 | 5時間 |

子どもの食べ方が変わる！ 保護者も喜ぶ！
楽しい食育の授業

並木孝樹
柏市立高田小学校

❶ 単元（ユニット）設定の理由

5年前，当時の勤務校で体育の研究授業を依頼され保健の分野で授業することになり，「咀嚼」の授業をしました。子どもたちに実際にご飯を食べてもらい，かむ回数と味を比べたのです。「かむと味が変わる」「よくかむとおいしい」などと声があがり，楽しそうに授業を受けていました。もっともっと子どもたちにこのような授業をしていくことが大切だと思いました。今は知育，徳育，体育，そして「食育」の時代です。今後ももっと，この分野での実践を開発する必要があります。

❷ 単元（ユニット）の目標

- 身近にある食に関する知識を伝え，食に対しての関心，意欲を高める。
- ライフスキル学習を取り入れ，実際の生活場面を設定し，よりよく解決できるようなスキルを身につけさせる。

❸ 心を育てる仕掛け

「食育」とは自分の健康にとって必要な食品を選び，自分と他の人と食することを楽しむ実践的能力を育成することです。そのためには次のことがポイントとなります。
①食に関する事実をきちんと伝える。
②ライフスキル学習を通して生活に生かせるようにする。

食に関する事実を伝えることによって，食について気をつけようとする心，食品を選ぼうとする心，を育てたいと考えました。また，ライフスキル学習を通して実際の生活場面に生かし，食を充実させ，楽しもうとする心を育てたいと考えました。

❹ 指導の工夫

- コンピューターを使って授業を構成し，写真やデーターを見やすく提示するようにした。
- 栄養士にも授業に加わってもらい，子どもたちにアドバイスしていただいた。

❺ 単元（ユニット）の指導計画　全5時間

1次	食と文化	食事の挨拶マナー	1時間
2次	食と健康	咀嚼（そしゃく）	1時間
3次	食と文化	お箸の使い方	1時間
4次	食と健康	野菜パワー	1時間
		青魚のよさ	1時間

■「食育」の構成

食育は「食と文化」「食と健康」「食と環境」の3つで構成されます。授業は低中高学年に分けて行いました。本節は低学年の実践です。

中学年（4年生）：朝食をきちんと食べよう　おやつの取り方　塩と健康1,2　孤食　食べ物に感謝しよう

高学年（6年生）：和食のよさ　バランスよく食べよう　食品添加物　食と健康Ⅰ,Ⅱ

■他の教科の内容との関連

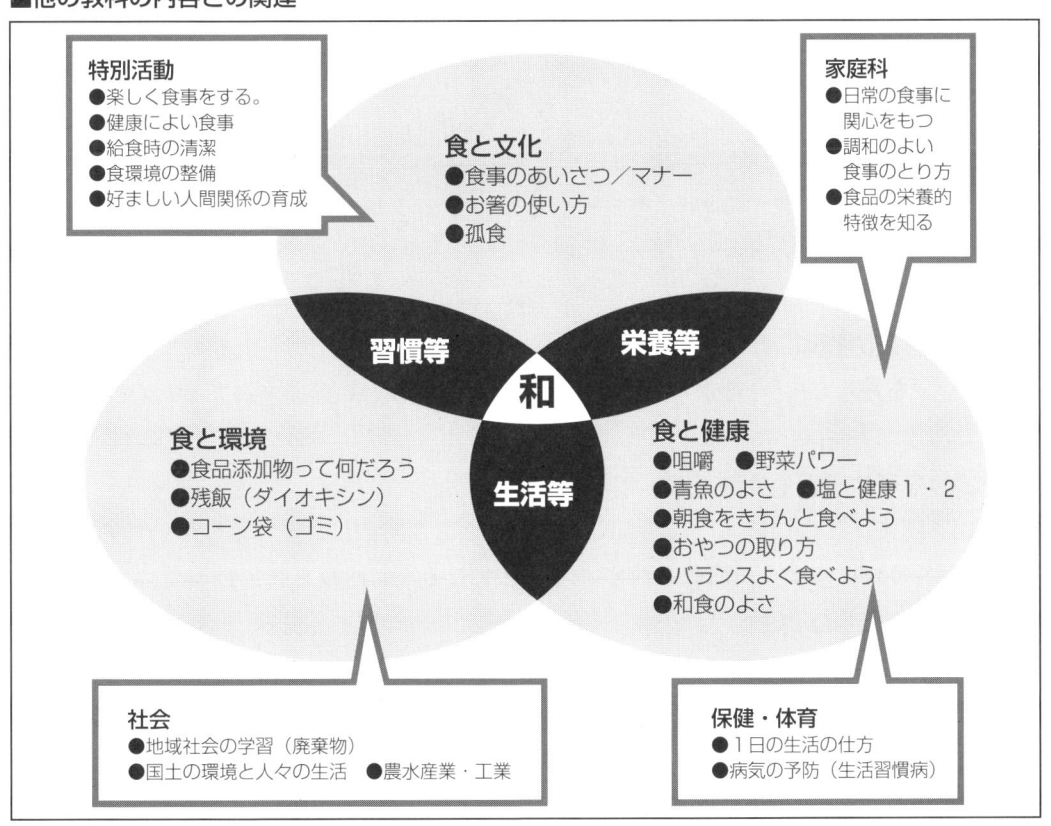

特別活動
- 楽しく食事をする。
- 健康によい食事
- 給食時の清潔
- 食環境の整備
- 好ましい人間関係の育成

家庭科
- 日常の食事に関心をもつ
- 調和のよい食事のとり方
- 食品の栄養的特徴を知る

食と文化
- 食事のあいさつ／マナー
- お箸の使い方
- 孤食

習慣等　栄養等　和　生活等

食と環境
- 食品添加物って何だろう
- 残飯（ダイオキシン）
- コーン袋（ゴミ）

食と健康
- 咀嚼　●野菜パワー
- 青魚のよさ　●塩と健康1・2
- 朝食をきちんと食べよう
- おやつの取り方
- バランスよく食べよう
- 和食のよさ

社会
- 地域社会の学習（廃棄物）
- 国土の環境と人々の生活　●農水産業・工業

保健・体育
- 1日の生活の仕方
- 病気の予防（生活習慣病）

指導案① 1時間目 2次

咀嚼（そしゃく）

●教師の思いと授業のねらい，そのねらいを設定した理由
　古代人と現代人の骨格から，かむことが体にどんな影響を及ぼすかを知り，実際にかむことを体験することによって，その大切さに気づかせる授業です。
　給食の時間，いち早く食べ終わる子がいます。その子の口の動きを見ると，何回もかまずに飲み込んでいました。ほとんど飲み込んでいるという状態です。ほかの子もそれに近いものがありました。かむことの大切さを伝えたいと思い，この授業を設定しました。

●資料（教具・教材を含む）
- コンピュータ（パワーポイント）
- プロジェクター
- 大豆10粒，剣先するめ（ひと口で入る大きさに切る），ひと口サイズのゼリー1個をビニール袋に入れて人数分用意する。

●授業の工夫
- 実際に「大豆」「剣先するめ」「ゼリー」をかむことによって，かむ回数を比べ，味の違いや感覚を体験する。

●授業の評価の観点
- かむ経験を通して，「今度からよくかもう」という意欲が以前より高まったか。

●授業の様子や子どもたちの声
「大豆」「剣先するめ」「ゼリー」を配るとき，子どもたちの目がきらきら輝いていました。かみながらうなずくように回数を数え，友達と楽しそうに回数を教え合う姿はとてもほほえましいものでした。
　以下は子どもたちの声です。「かんでたらどのくらいおいしいのかよくわかった。歯にもとてもいいことがあると思った。とても楽しかった」「大豆を2回かんだんだけど，2回目のほうがいっぱいかめたよ」「食べ物をかまないと太るんだって。かまないとどうなるかよくわかりました。これからはよくかみます」

楽しい食育で自律心が育つ

時間	学習活動と子どもの様子	ポイントと留意点
1分	①本時のねらいを知る。 ○今日は咀嚼（そしゃく），かむことのお勉強をします。	・かむことを「咀嚼」と言うことを知らせ，一緒に言わせる。
7分	②古代人と現代人の顔のレントゲン写真を見る。 ○この写真を見て，わかったこと，気づいたこと，思ったことをノートに書きなさい。	・写真が見にくいので，あごと歯の部分を知らせる。
3分	③どうしてこんなに違うのかを考える。 ○同じ日本人なのに，なぜこんなに違うのでしょうか。	・次々にテンポよく言わせる。
3分	④卑弥呼クイズをする ・下記参照　正解　1=③，2=①，3=③，4=① ○ひみこの時代はよくかんでゆっくり食べていたのですね。よくかむと他にもいいことがあります。何でしょうか。ノートに書きなさい。	・卑弥呼の説明は簡単にする。説明を長くしすぎないようにする。
7分	⑤顔の筋肉，脳の血液の流れ，唾液の量を比較する。 ・引用・参考文献の少年写真新聞社の資料より図を示す。	・写真を見せながらかむときとかまないときの比較をする。
5分	⑥「ひみこのはがいいぜ」という語呂合わせを使って，かむとどんないいことがあるかを知る。 ○かむとどんないいことがあるかを「ひみこ」を使ってまとめました。「ひみこのはがいいぜ」です。どんなふうにいいのか一緒に見てみましょう。 ●ひ：ひまんをふせぐ　●み：味覚（みかく）が発達する。 ●こ：ことばの発音がしっかりする。 ●の：脳（のう）が発達する。 ●は：歯がじょうぶになる。●が：ガンになりにくい。 ●いい：胃腸（いちょう）がじょうぶになる。 ●ぜ：全力をだせる。	・「ひみこのはがいいぜ」を全員で言わせ，端的に説明する。ここですべてをわからせようとしないことが大切。
3分	⑦よくかむことができる食品を考える。 ○よくかむことができる食べ物は何ですか。ノートに書きなさい。	・いろいろな食品を出させる。 ・ビニール袋にセットした食品を配る。
10分	⑧かんで回数を意識する。 ○実際にかんでみます。何回かんで飲み込んだかを記録します。 ⑨感想を書き，まとめをする。	・ゼリーからはじめ，回数をきちんと書かせるようにする。バラバラに取り組ませない。
6分	○斎藤先生という，かむことを研究している先生によると1口で30回かむのがいいそうです。これから，よくかむことを心にとめて食事をしてください。	

ひみこクイズ1
やよい
Q1 弥生時代，ひみこが1回の食事でかむ回数はどれくらいだったでしょう。
①1898回
②2678回
③3990回

ひみこクイズ2
へいせい
Q2 平成時代，みんなが1回の食事でかむ回数はどれくらいでしょう。
①620回
②890回
③1240回

ひみこクイズ3
やよい
Q3 弥生時代，ひみこの1回の食事時間はどれくらいだったでしょう。
①31分
②41分
③51分

ひみこクイズ4
へいせい
Q4 平成時代，みんなの1回の食事時間はどれくらいでしょう。
①11分
②21分
③31分

| 指導案② | 1時間目 | 4次 |

野菜パワー

●教師の思いと授業のねらい，そのねらいを設定した理由

　野菜には緑黄色野菜と淡色野菜があることを知り，健康のために野菜が欠かせないことを理解します。また，自分が嫌いな野菜を出されたときにどう対処するかを考えます。

　給食の残飯で多いのは野菜です。どの学年，どの学級でも同じ傾向です。保護者の方も野菜を食べさせるのに苦労しているようです。日本人は魚，野菜中心の食文化をもっていました。だから長寿国になったのです。野菜は健康に欠かせません。この事実と思いを伝えるために授業を設定しました。

●資料（教具・教材を含む）

- コンピュータ（パワーポイント）
- プロジェクター
- 児童用ワークシート……146ページ

●授業の工夫

- 写真やデータで見せることにより，野菜を食べることの効果について理解しやすくする。
- 「野菜が残っちゃった」ワークシートを取り入れ，生活場面での問題を設定し対処する。

●授業の評価の観点

- 野菜の効果を理解できたか。
- 「野菜が残っちゃった」ワークシートに自分の考えを書き，発表できたか。

●授業の様子や子どもたちの声

　野菜を写真で見せていくところから，子どもたちはのってきました。ワークシートの「ウルトラ野菜マン」のお話づくりには，どの子も一生懸命に取り組んでいました。

　以下は，子どもがつくったウルトラ野菜マンのアドバイスです。「野菜にはたくさん栄養があるんだよ。野菜を食べれば絶対元気になれる。野菜を食べれば体も丈夫になるんだ。応援するからがんばってくれ」

時間	学習活動と子どもの様子	ポイントと留意点
1分	①本時のねらいを知る。 ○野菜パワーのお勉強をします。	・「野菜好きな人？」と聞いてから授業に入るのもよい。
5分	②緑黄色野菜を知る。 ○これは何でしょう。（子どもたちに口々に言わせる。） ○ここにある野菜を緑黄色野菜といいます。みんなで言ってみましょう。緑黄色野菜とは新鮮な野菜100gの中にベータカロテンが600マイクログラム以上入っているものをいいます。ベータカロテンがたくさんあるということです。	・写真をテンポよく提示し，当たったらほめていく。 ・説明を長くしすぎないようにする。
5分	③淡色野菜を知る。 ○このような野菜を淡色野菜といいます。緑黄色野菜の他は淡色野菜といって，他に大根やセロリ，キュウリ，アスパラ，ナスなどがあります。	・緑黄色野菜以外は淡色野菜であることを知らせる。
10分	④健康な人の腸と野菜嫌いな人の腸の写真を見て比べる。 ○おなかのなかには「腸」というところがあります。食べたものは食道というところを通って，胃から腸にいきます。その腸を調べている先生がいます。新谷弘実先生といいます。アメリカでお医者さんをしています。VTR『健康は腸相で決まる』（乳酸菌エキス研究会，レックスラボ） ○腸を比べてどう違いますか。	・腸のどこが違うかについて言わせるようにする。違いがわかればよい。
5分	⑤野菜の効果を考える。 ○野菜にはどんなパワーがありますか。ノートに書きなさい。 ○淡色野菜には免疫力といって病気から自分を守る力があることがわかってきました。緑黄色野菜だけでなく，淡色野菜にもパワーがあるのです。 ○まとめましょう。野菜を食べると…… ●腸の中がきれいになる。（おなかの調子がよくなる。） ●長生きできる。（ガンの予防） ●免疫力（めんえきりょく）がアップ（かぜを引かない。） ●つかれをとる。 ○ほかにもいっぱいあります。このように野菜にはたくさんのパワーがあります。	・今まで提示した内容や自分で考えた内容を書いてよい。 ・一緒に声に出させて言わせるとよい。
14分	⑥お話改造ゲームをする。 　1　ワークシート（146ページ）のお話を読む。 　2　ウルトラ野菜マンになってお話を改造（つくりかえる）する。 　3　ペアで練習する。 　4　発表する。	・グループは隣同士とする。 ・書けたら練習をさせる。 ・時間を見て発表させる。
2分 3分	⑦ズバリおうちの人へを書く ⑧感想を書く	

単元指導の実際

❶ 実践の記録と成果

野菜は好き（子ども）

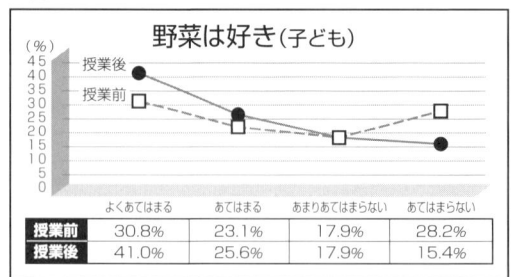

	よくあてはまる	あてはまる	あまりあてはまらない	あてはまらない
授業前	30.8%	23.1%	17.9%	28.2%
授業後	41.0%	25.6%	17.9%	15.4%

野菜をよく食べる（子ども）

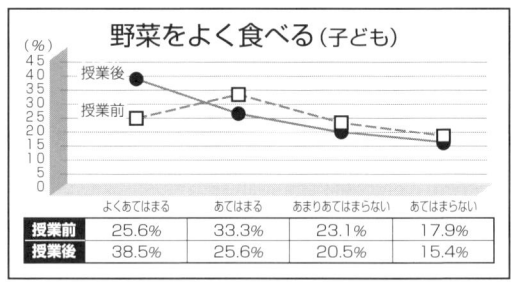

	よくあてはまる	あてはまる	あまりあてはまらない	あてはまらない
授業前	25.6%	33.3%	23.1%	17.9%
授業後	38.5%	25.6%	20.5%	15.4%

　2年生に各授業の後にアンケートをとりました。授業前にも「よくあてはまる」「あてはまる」「あまりあてはまらない」「あてはまらない」の4段階でアンケート調査をしました。

　上のグラフは，4時間目の「野菜パワー」の授業結果です。どちらも授業後に数値が上がり，野菜を食べるようになってきたということがわかります。

　咀嚼の授業でも授業前より授業後に成果が出ていました。

　コンピュータを使っての授業であったため，資料となる写真やデータが提示しやすく，子どもたちも画面に集中することができました。子どもたちは毎回授業を楽しみにしているようで，2年生の担任からは「並木先生が来るのを子どもたちはとても楽しみにしていますよ。」と声をかけていただきました。子どもたちの声を紹介します。

> 　5時間授業をやって，食事はこういうものを食べるといい，食事のあいさつマナー，食事のいろいろなことがわかったし楽しかったです。

　どの授業でもいきいきと取り組んでいましたが，子どもたちには5時間の授業の中のベスト3を決めてもらいました。結果は次ページのとおりです。

　第1位は箸の使い方でした。実際に箸を使って持ち方を指導し，最後には豆つかみゲームをするというものでした。このゲームが印象に残ったようです。食育はともすると知識ばかりに偏り，重苦しくなりやすいものですが，ゲームやさまざまな活動を取入れていくと子どもたちは楽しく取り組み，もっと授業をうけたいという意欲につながっていきます。

　保護者にも事前と事後にアンケートを同じ方式でとりました。以下がその結果です。

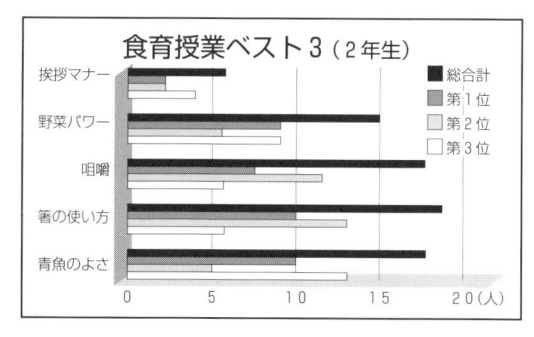

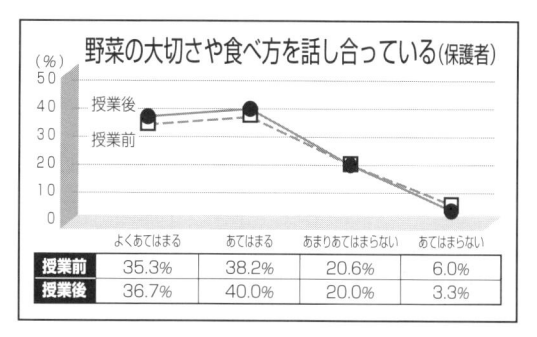

楽しい食育で自律心が育つ

食育授業ベスト3（2年生）

| | 総合計 | 第1位 | 第2位 | 第3位 |

項目：挨拶マナー、野菜パワー、咀嚼、箸の使い方、青魚のよさ

野菜の大切さや食べ方を話し合っている（保護者）

	よくあてはまる	あてはまる	あまりあてはまらない	あてはまらない
授業前	35.3%	38.2%	20.6%	6.0%
授業後	36.7%	40.0%	20.0%	3.3%

「野菜の大切さや食べ方を話し合っている」という項目では，どれも若干数値が伸びています。しかし，子どもたちの変化に比べると小さいものでした。保護者の食育への意識を高めるには，さらに授業参観や実習への参加など様々な活動が必要となるようです。

以下は保護者の感想です。

> 並木先生の授業を受けさせていただいて，子どもの食に対する考え方がすごく変わりました。まず，自分で意識してお箸をきちんと持とうと努力しています。あと，よくかまないとあごが細くなっちゃうと言って，よくかむようになりました。私と5年生の姉も30回を目標にかむようにしています。ありがとうございました。

❷ 課題

この授業のポイントは，情報は絞り込み，テンポよく，です。

子どもたちにとってむずかしい用語やわかりにくい説明をしなければならないことがあります。できるだけ情報を削り，大事なことだけを絞り込むようにしなければなりません。また，説明は短くするのがよいようです。すべてをその授業で理解させようとすると雰囲気は重苦しくなります。一つ一つの事象をテンポよく指導し，またフィードバックするように心がけたいものです。自分自身も内容が削れず苦労しました。もっと思い切って内容を精選することが今後の課題です。

❸ 引用・参考文献

- 諸富祥彦『カウンセラーが語るこころの教育の進め方』教育開発研究所
- 高橋浩之『健康教育への招待』大修館書店
- 『給食指導大百科 第1〜7集』（給食ニュース縮刷・保存版）少年写真新聞社
- 『小学保健指導大百科第1〜17集』（小学保健ニュース縮刷・保存版）少年写真新聞社
- インターネットランド NO.549001, 2180061, 2180018, 2180109, 2180067
  （URL:http://tos-land.net/index2.php）
- 山本貞美編，福井県体育授業づくり研究会著『知的に楽しい体育の授業』明治図書

月　日（　）　　　　　　　　年　組　氏名

野菜がのこっちゃった

ある日のばんごはんで
たろう：兄、じろう：弟

今日はたろうの大好きなハンバーグ。たろう、じろうは大喜び。
母「今日は○○ちゃんの大好きなハンバーグよ。お仕事が早く終わったからがんばってつくったのよ。」
たろう「やったー。おなかぺこぺこなんだ」
じろう「やったね。おれもぺこぺこ！！」
母「でも、お肉だけじゃなくて、ブロッコリーとにんじんもつけたのよ。たろうたちがきらいなのは知ってるけど」
たろう「え〜 よけいなことしなくていいのに〜」
じろう「もー」
うれしい気もちもはんぶん、いやな気もちもはんぶんで食べはじめた。たろうとじろう、いきおいよく食べていたのですが、さいごにブロッコリー、にんじんがのこってしまいました。
さて、このあとどうなるかな。

お話改造（かいぞう）ゲーム

（じろう）「やだなー、このブロッコリー」
（たろう）「そうだよなー」
（じろう）「にんじんもたべられない」
（たろう）「のこしちゃおうか」
（じろう）「でも、おかあさんにおこられるよ」
（たろう）「だいじょうぶ、今ならおかあさんもいない」

ウルトラ野菜マンのアドバイス

（たろう）「
（じろう）「
（たろう）「
（じろう）「
（たろう）「

たとえばこんなふうに書きます

じろう「やだなー、このブロッコリー」
たろう「そうだよなー」
じろう「にんじんもたべられない」
たろう「のこしちゃおうか」
じろう「でも、おかあさんにおこられるよ」
たろう「だいじょうぶ、今ならおかあさんもいない」

ウルトラ野菜マンのアドバイス

野菜にはたくさんのパワーがあるんだよ。食べればかならず元気になれる。おなかのちょうしもよくなるよ。自分で自分をつくることができるんだ。ウルトラ野菜マンはきみたちの元気な顔を見たいんだ。がんばってくれ。

たろう「そうか、そういえば、このあいだおべんきょうしたなぁ。じろう、食べたほうがいいよ」
じろう「いややだけど食べるかな」
たろう「いっしょのせ、で食べよう」
じろう「よし、がんばってみるか」

自分たちでつくろう　　*2人で同じように書きましょう。　*できたら2人でれんしゅうしましょう。

（　）「やだなー、このブロッコリー」
（　）「そうだよなー」
（　）「にんじんもたべられない」
（　）「のこしちゃおうか」
（　）「でも、おかあさんにおこられるよ」
（　）「だいじょうぶ、今ならおかあさんもいない」

ウルトラ野菜マンのアドバイス

（たろう）「
（じろう）「
（たろう）「
（じろう）「
（たろう）「

身の回りの問題に取り組む

障害をもつ人とのふれあい体験による「こころのバリアフリー」

小学校5～6年生　総合　23時間

矢島基一

諸富祥彦が語る
この実践 ここがポイント！

■狭い人間関係を広げ他者理解を深める■

いまの小学生の人間関係を見ると，非常に少人数のグループで完結している例が目立ちます。こころの教育を考えるとき，もっとも重要なのは他者とのふれあい体験です。学級内の人間関係にとどまらず，もっと広い世界のなかで人間関係をとらえていくことが，こころの成長には欠かせません。

今回，矢島先生は子どもたちの視野を広げ他者理解を深めていくためのテーマとして，身体に障害を持った方との交流を取り上げました。ふだんはなかなか接点のない障害者に接し，相手の立場で物事をとらえ直すという，たいへん意味のある貴重な機会が実現できました。自分とは異質な他者の立場に立ってものごとを考えることが，こころの成長につながるのです。

■学校施設のバリアフリー設計を利用する■

今回の矢島先生のプログラムは，千葉大学の天笠茂先生の指導のもと，練り上げられていったものです。校内のバリアフリー設計にまず目を向けさせるという導入が素晴らしいところです。子どもたちにとって身近なものからテーマとの接点を掘り起こす工夫は，この実践のなかでもとくに大きなポイントと言えます。

これをふまえて身体の不自由な方に実際に来てもらって，バリアフリーとして作られた設備が，本当にその方たちの役に立つのかを試してもらいます。こうした体験を通じて，これまで考えもしなかった他者の立場に立つことの大切さ，むずかしさを身をもって体験し，より深く理解していくことができるのです。知識として学んだり疑似体験するだけでなく，実際に障害をもつゲストティーチャーとかかわってはじめてわかることがあるのです。

単元全体の計画

5・6年生 | 総合 | 23時間

こころのバリアフリーをめざして
—はじめの一歩—

矢島基一
野田市立みずき小学校

❶ 単元（ユニット）設定の理由

　こころの教育を進めていくには，人とのふれあいがとても大切です。学級の中での友人関係にとどまらず，外の世界に目を向けさせていくために，この授業ではいろいろな人たち（障害をもった方を中心に）とのかかわりを設定しました。他者を知ることはより自分を深く知ることにつながります。さまざまな人たちと互いに気持ちを共有したいと思います。

　新設校である本校は学校のいろいろな場所がバリアフリーになっています。段差のない昇降口，障害者用エレベーターなどの設備がなぜあるのか，どのように利用するのか，本当に障害者のためになっているかなど，学校環境が子どもたちに考えさせる材料になると考えました。

❷ 単元（ユニット）の目標

- 障害者に対する一面的な理解や印象を見直し，考えを新たにすることができる。
- 障害をもった方との接し方を考えることで，これからの生活を振り返ることができる。

❸ こころを育てる仕掛け

　高学年ともなると友だちが限定されてしまいがちです。本計画では，バリアフリーを中心に，人間だれもがもつすばらしさを理解することで，自分のたちの生き方を振り返り，相手も自分も大切にして折れ合うというアサーティブなこころを育てます。

　次に，高学年として子どもたちが仲よしグループや学級を越え，学校全体や学校外に目を向けるために，お年寄りや障害をもつ方との幅の広いふれあいの機会を設定しました。

　そして，ゲストティーチャーの話を聞くことは，障害をもっている人の生き方にふれ共感し，自分たちでできることを考え，自分たちの考えていたこととは違う考えをたくさん聞き，そのことがいまの自分たちとどう違うのかを考えさせるよい機会だと考えます。

　とくに自分で体験することは大切です。話を聞いただけでは理解できにくい点についても，よりはっきりと理解し共感できると考えています。

❹ 指導上の工夫

単元の前半は，やさしさとは何かという課題意識とそれに取り組む意欲を高めます。

そのために，学校あるいは町に出て，バリアフリーを自ら探し，形に表れているやさしさを自ら見つける活動をします。また，実際に障害をもった方に本校に来ていただき，本校のバリアフリーを見たり体験してもらいます。これを通して子どもたちの学習を方向づけていきます。

後半は，実際に体験したり，ゲストティーチャーの話を聞くことで，バリアフリーについて深く考えさせ，最後のまとめでは，取り組んできたことをさまざまな形で発表し共通理解を図ります。障害をもつ方やお年寄りの方と共感できることを大切にしたいと考えました。

こうすることで前半で生まれた課題を解決したり，やさしさとは何かを考えます。この段階はたいへん重要で，自分たちの疑問に思っていることや普段感じたり考えたりしていることを深く追求していきます。

手話の歌を教えてもらっている

❺ 単元（ユニット）の指導計画　全23時間

1次	課題をつかむ	みずき小のバリアフリーについて考える	2時間
		障害をもつ方やお年寄りなどに本校のバリアフリーを体験してもらう	2時間
		学習の見通しをもつ	1時間
2次	計画を立てる	テーマを理解する	1時間
		個人の課題をもとに，計画を立てる	3時間
3次	調べる，体験する，伝える	障害をもつ方から学ぶ	12時間
4次	まとめる	それぞれ取り組んできたことや成果をまとめ，わかりやすく友だちに伝える。 （こころのバリアフリーについて，もう一度考える）	2時間

指導案 | 11〜12時間目 | 3次

障害をもつ方から学ぼう

●教師の思いと授業のねらい，そのねらいを設定した理由

　いままで学校のバリアフリーを調べたり，実際に車いすに乗って学校の中を移動したりしてきました。しかし，それらの活動は，自分たちの経験だけで終わっていて，実際に障害者がどのように思っているのかはまったくわかりません。そこでこの授業では，実際に障害のある方とふれあうことで，子どもたちは自分たちの経験だけでは得られない障害者の気持ちによりそい，共感できたらと考えました。

●資料（教具・教材を含む）
- 点字器，車いす，体験グッズ

●授業の工夫
- 実際に話を聞いたり，実際に体験することによって，子どもたちの心にうったえる。

車いすに乗っている方の話を聞く

●授業の評価の観点
- 交流や体験活動を通して，自分の考えを深めたり共感することができたか。

●授業の様子や子どもたちの声

　子どもたちは，障害をもっている人がとても明るく生活していることを知り，勇気を与えられたようでした。そして熱心に話を聞き，自分たちが少しでも役に立てたらという気持ちが芽生えているようでした。

　点字タイプを打つことを通して，障害者の方とつながりたいという意識が芽生えてきたようです。また文字を打ってそれを読んでもらうというのは大変なことだということがわかり，点字を作る人の大変さにもふれることができました。

　車いすに関する話を聞き，車いすの改良を考え始める子もいるなど，足の不自由な方の身になって話を聞いていたようです。

　手話で一緒に歌を歌うなど，真剣に取り組んでいました。

●本時の指導〔11～12時間目／第3次〕

(1) 目標
- 自分の活動計画にしたがい，内容を確認しながら各自の活動を進めることができる。
- 調べたり体験することで，これまでの学習を振り返り，自分の考えをより深められる。

(2) 展開

時配	学 習 活 動	教 師 の 支 援	備 考
5分	◎本時の学習内容を確認する。 ・活動計画の確認をする。 ・迷っていることを教師に伝え，助言を求める。	・個々の計画に基づき，これまでの学習の成果と問題点を子どもに伝え，励ます。 ・個別に支援を必要とする子どもに声をかけ，学習内容をもとに確認する。	学習計画書 前時の学習カード
60分	◎計画にしたがって，学習を進める。 ◎下記の5つの活動から1つ選び，それぞれの会場に分かれて展開する。 　1　聴覚障害の人の生活について考える 　　・手話を学ぶ。……………………体験活動 　　　　　　ゲストティーチャー（Kさん） 　2　視覚障害の人の生活について考える 　　・点字を学ぶ。……………………交流体験 　　　　　　ゲストティーチャー（Kさん） 　　・盲導犬について学ぶ。…………交流体験 　　　　　　ゲストティーチャー（Nさん） 　3　足に障害のあるの人の生活について考える 　　・車いすについて学ぶ。………交流体験，体験活動 　　　　　　ゲストティーチャー（Oさん） 　4　高齢者の生活について考える 　　・高齢者疑似体験をする。………体験活動 　　・施設訪問の準備をする。………調べ学習 　5　ボランティアについて考える 　　・自分でできる身近なボランティアについて考える。 〈教師の支援〉 　交流活動では……○自分の計画や学習のねらいにそった質問ができているか，気を配る。 　　　　　　　　○体の不自由な方の話を聞くことで，思いやりやいたわりの気持ちをもつことの大切さに気づいているか，言葉をかける。 　体験活動では……○体験を通して，体の不自由な方の大変さを知ることで思いやりやいたわりの気持ちをもつことの大切さを考えることができているか。		中学年多目的室 6-2 点字器 高学年多目的室 5-2と校内 6-1と校内 体験グッズ ランチルーム
10分	◎活動のまとめをする。 ・本時の学習で考えたこと，感じたことの記録をとる。 ・本時の学習をふまえ，次時の活動を確かめる。	・単に学習の記録だけでなく，本時の学習を終えての個々の思いが記録されているかに気を配る。 ・本時の学習をふまえ，学習計画が修正されることもよいことを伝える。	学習カード

(3) 評価
- 思いやりやいたわりの気持ちをもつことの大切さに気づくことができたか。
- ゲストティーチャーとの交流や，さまざまな体験活動を通して，自分の考えを確かめ，さらに深めることができたか。

単元指導の実際

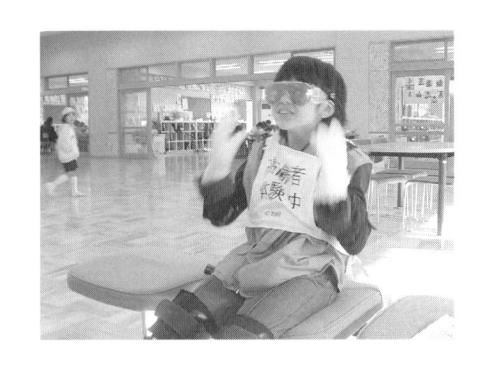

❶ 実践の記録と成果

高齢者の生活について考えた子どもたち

　子どもたちは，交流するだけでなく，実際に高齢者体験をすることで，よりお年寄りの気持ちによりそうことができるようになってきました。授業中の感想からその様子が見て取れます。

　まず江戸川病院に行く準備をしているときは（11月6日），「今日の放課後あいさつに行くので楽しみです」と，これから起こる新しい体験に期待をふくらませている様子です。

　実際に病院を訪問して，お年寄りの方と遊んだときには（11月11日），「いろいろな遊びをして楽しかったです。とくに風船をわるのが楽しかったです。みんな笑っていたので，とってもよかったです。また今度行きたいです」と，楽しい体験を通して，普段日常的にふれ合う機会の少ないお年寄りの方たちに対して，親しみを強くもったようでした。

　そして今度は子どもたち自身が高齢者になる体験をしました（11月12日）。「私は12日にお年寄り体験をしました。おもりやくつやメガネや洋服を着て，お年寄り体験をしました。階段をのぼったり，おりたりしました。のぼるときは足を高くまであげなければいけないのでとてもつらかったです。おりる時は，手すりにつかまらなければ落ちてしまうのでとても大変でした。字も読みました。白内障用のメガネと目が見えなくなるメガネがありました。色もメガネをつけた時とつけない時ではすごく違いました。書くのも大変でした。手袋を3枚もつけていたので，小さい子みたいな字になりました。なんでお年寄りの方がつえを持っているのかがわかりました。何かに頼っていないと怖くて危ないからです」と，高齢者体験をしてお年寄りの立場に立ってみると，気持ちが少しわかったようです。

　楽しいふれあい体験と高齢者の疑似体験を通して，再び最初に出会った江戸川病院のお年寄りの方々に，子どもたちが手紙を書きました（11月21日）。「私は江戸川病院の方々に手紙を書きました。内容は遊んだこととか楽しかったことなどを書きました。今度私たちが遊ぶことを決めるので楽しみです。それと私の書いた手紙が江戸川病院の方々に読んでいただけると思うとうれしいです」。手紙には先日訪問して楽しかったことを書いたようです。お年寄りと会うのが楽しくなってきたことがわかります。

　視野を狭くするアイマスクを付け，杖をつき，手袋をし，おもり（砂袋）を数個つめこ

障害をもつ人とのふれあい体験による「こころのバリアフリー」

んだジャケットを着て，さらに足にもおもりをつけた体験グッズをつけて校舎内を歩くなどの高齢者疑似体験は，いつもとは違い，お年寄りの大変さが体験を通して理解できました。そして，そのような体であっても元気よく過ごしているお年寄りの日常にふれて，子どもたちもお年寄りから明るさと前向きに生きることの大切を学ぶことができました。

❷ 実践のポイント

　まず地域に出て行き，自分たちでバリアフリーを探すことから始めることが大切です。次の段階では，それらのバリアフリーが実際に障害者やお年寄りに対してバリアフリーになっているかを考えさせます。そうすることによって，バリアフリーが身近な存在になってきます。

　ゲストティーチャーを呼ぶ活動はぜひ実践してほしいと思います。地域には必ず社会福祉センターなどがあり，そこに問い合わせれば，学校に来てくれます。その際，十分に打ち合わせを行っていないと当日の授業のポイントがずれてしまい，ゲストティーチャーの方が話すだけで終わるなど一方通行になってしまい，子どものこころに入らないうちに授業が終わってしまうことも考えられます。

取り組みの成果をまとめた点字新聞

　近くにお年寄りや障害者のための施設があれば，そことの連携も十分に考えられます。その場合，1回で終わるのではなく，1年間かけて交流会をもったり，個人的にその方々と仲よくなるようにしていくと，子どもたちの意欲も高まり，施設の方も○○さん，○○君と声をかけてくれて，よりいっそうこころのつながりが深まります。

　今回は総合的な学習の時間で行ったため，課題をつかませたり，それを自分の力で解決していくという形で学習を進めました。そのため20時間を超える学習になりましたが，こころのふれあいを中心にするのならば，前半は体験にし，後半にゲストティーチャーとのふれあいが中心の授業を組むことで，短縮できると思われます。ただその場合，前半は時間を短くしても，後半のゲストティーチャーとのふれあい，交流の場面は時間を十分確保する必要があります。

こころのバリアフリー 校外活動計画

テーマ	お年寄りと昔の遊びなどをし、仲よくしよう		6年1組 名前	
活動計画日	11月7日（金）	活動日	11月11日（火）	
会いたい人	名前　江戸川病院のお年よりの方		場所　江戸川病院	
	連絡先		活動場所	
			連絡先	
一緒に行く友達				
活動内容	○歌（校歌・手話つき） ○お話　○しぎんをおしえてもらう			
活動計画（日程） ・交通手段 ・時間 ・費用など	時間13：30〜15：30　　　　　　13：15に職員げんかんに集合。 交通手段……○○先生の車（送りむかえ） 費用……無料。			
インタビューの内容など	○しぎんのどんな所が好きですか？ ○健康に気をつけていることは何ですか。			
その他	持ち物 ○うわばき　○風せん　○名札			

車イスに乗っていて大変な所　6年2組

1. 坂道と横断歩道の段差
2. 水たまりなどのけがれ
3. 町中でよく行われるほ水道などの工事
4. れんがなどの段差

体験による気づきをまとめたもの

こころのバリアフリーをめざして
〜はじめの一歩〜

5年1組　氏名（　　　　）　No.4

11月14日（金）

今日の学習（調べたこと・体験したこと）

☆☆　○○さんの話を聞いて　☆☆
　○○さんの話を聞いて「やさしさ」や「やさしい言葉」という言葉がずっと心に残っていてはなれません。それまで私は身体しょうがい者の方には手助けをしてはならないんだと思っていました。それは身体しょうがい者の方に手助けをすることは目立っているだけで役に立ってはいなかったのです。でもその言葉を聞いて「私も何か役立つことをしようと」考え直しました。また家に帰って母と話したことは、盲導犬は、人に足をふまれたりしっぽをふまれたりしてもほえたりしない、そうです。それでも盲導犬は、ふまれても前、ほえさせないように、ふんでごめんっていう意味でぶまれたそうっていっていたそうです。それを聞いて私達もけがをしてはならないと思っていました。

今日の学習を振り返って
1. 盲導犬をいじめない
2. おばさん（近所の人）に言葉を広める
3. 身体しょうがい者の方がいたら手助けしてあげる

◇　私にもできること3ケ条　◇

身の回りの問題に取り組む

企業人に学ぶ利他的な夢

小学校5年生　総合　6時間

石井和恵

諸富祥彦が語る
この実践 ここがポイント！

■インパクトと意外性のある"事実"の力■

　インパクトと意外性のある知るべき事実を知ることで，子どもたちの認知が変わります。認知が変わると行動が変わっていきます。

　石井先生が藤川大祐先生と行ったこの実践は，こうした子どもたちの一連の変化をひとつの単元として組み立てています。子どもたちが思わず身を乗り出す楽しい導入部分，はっとさせる事実の提示，それに基づいて自分たちで考えを深めるという3つのステップで構成されています。こうした授業では，どんな題材を選ぶのかが重要です。①知るべき内容があること，②意外性があること，③インパクトがあること，の3条件です。知るべき事実を選び出すためには，教師は日常生活のなかで，たえずアンテナを高く張っておかなくてはなりません。この点に関して藤川先生は天才的です。

■仕事の背景には"利他的な夢"の追求がある■

　今回の実践での"知るべき事実"は，コンピュータひとつをとってみても，障害がある人の利用までを考え抜いて，さまざまな創意工夫を凝らして開発に従事しているという事実です。一見無機質な機械にしか見えないコンピュータ開発の背景に，このような「だれかのために努力する利他的な行為」が潜んでいるという事実が子どもを変えるのです。世の中に希望と可能性を感じさせますし，広義のキャリアエデュケーション（進路教育）にもなっていると思います。障害者福祉は思いやりの心だけで実現されているのではなく，専門技術や知識を生かして福祉に貢献している人もいるということは，子どもたちに非常に新鮮に感じられるはずです。

　このステップを経て，自分たちでコンピュータ製品のアイデアを考えてみるという実践・行動へのステップに進みます。この体験を通じて，社会のため，この世界のだれかのためにできることを考える道が開けます。それが"利他的な夢"づくりに役立つのです。

単元全体の計画

5年生 / 総合 / 6時間

バリアフリー社会を作る最新技術

石井和恵
千葉大学教育学研究科

❶ 単元（ユニット）設定の理由

　福祉の授業では，思いやりのこころを育んだり，障がいを理解したりすることをねらいとしたものが多く実践されています。しかし，思いやりだけで福祉が支えられているわけではありません。それぞれの専門分野で，技術や知識を生かして福祉を支えている人がいます。

　本授業は，経済産業省の地域産業型教育情報化推進事業として取り組んだものです。日本電気株式会社（ＮＥＣ）の協力を得て授業プランを組み立て，千葉県旭市の２校の小学校５年生，２クラスで授業させていただきました。

　障がいがある人をはじめとして，多くの人の生活を便利にするための製品を開発する人の姿にふれることで，自分にもできることを考えるきっかけとしてほしいと考えました。

❷ 単元（ユニット）の目標

- 他者の生活を豊かにするために，どのような仕事をしている人がいるかを知る。
- 自分のいまの生活や将来の夢の中で，障がいがある人のためにできることを意識できるようになる。

❸ こころを育てる仕掛け

　さまざまな人や考え方にふれることが子どもたちの認知を変化させ，こころを育てると考えました。

　だれもが使いやすい製品のデザインを開発する人の姿や，障がいがある人がパソコンを使いやすくなる周辺機器を開発している人の姿を通し，子どもたちは他者の生活を便利にする仕事があることを知ります。このような仕事にふれることから，他者を意識した行動へとつなげていきたいと考えました。

　自分の便利を考えるだけでなく，他者の視点をもって考えることは，社会のために自分ができる仕事はなにかを意識するきっかけとなります。また，多くの人の仕事や考え方に

企業人に学ぶ利他的な夢

ふれることは，将来の選択肢を広げることにつながります。それにより自分を見つめなおし，自分が生かされる場を求めていくという生き方教育につなげるような授業としたいと考えました。

❹ 単元（ユニット）の指導計画　全6時間

1次	いろいろなモノを見てみよう！ ・ビデオを使ったユニバーサルデザインに関するクイズ（班対抗）『目の見えない人やお年寄りにとって使いやすいリモコンはどれか』など ・自分たちでユニバーサルデザインを考えるためのアイデアを探す。『目が見えない，見えにくい友だちが，学校で勉強したり遊んだりする時に，便利なコンピュータ製品のアイデアを考えよう』	2時間 （総合）
2次	みんながコンピュータを使えるように ・実際にユニバーサルデザインの製品を作っている会社の方に来ていただき，製品を紹介してもらう。 ・ユニバーサルデザインの製品を実際に操作し，体験することで，障害がある方の不便への対応に関心を向けさせる。	2時間 （総合）
3次	コンピュータ製品のアイデアを考えてみよう ・学校生活のさまざまな面について，ユニバーサルデザインのアイデアを話し合う（班ごと）。 ・実際にユニバーサルデザインの製品を作っている専門家に，アイデアについてコメントしてもらい，現実にはどんな製品があるのかの説明も受ける。 ・他者のためになる仕事をする人の姿から，みんなで支え合うことが必要なことであると気づかせる。	2時間 （総合）

■ 1次のクイズの例
Q1）目の見えない人やお年寄りにとって，使いやすくする工夫が1番多いリモコンはどれでしょう？

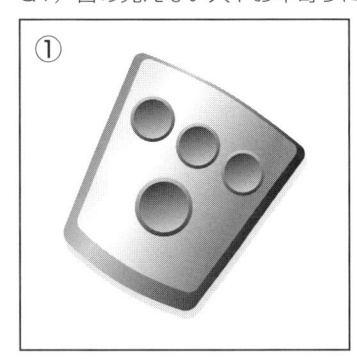

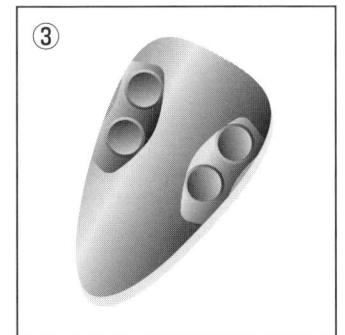

① ② ③

※本実践は，ホームページ「産業界との協力授業」に「福祉とコンピュータ～技術が創るバリアフリー社会～」という実践名で掲載しています。教材（クイズ，写真など）は，ホームページ（http://www.cec.or.jp/e2a/sangyou/h15/baria/kyouzai-baria.html）よりダウンロードできます。

指導案① 1〜2時間目 1次

ユニバーサルデザインの
いろいろなモノを見てみよう

●**教師の思いと授業のねらい，そのねらいを設定した理由**

　ユニバーサルデザインを担当する方と作ったクイズを通し，身の回りに工夫されたモノがあることや，さまざまな身体の特徴がある人がいることを知る授業です。

　障がいがある人のために工夫がなされたモノは，案外見過ごされがちですが，身の回りにたくさんあります。自らの生活の中にある工夫されたモノを発見することで，自分とは違う他者の存在を意識してほしいと考えました。

●**資料（教具・教材を含む）**
- 教材映像①
   （「産業界との協力授業」ホームページhttp://www.cec.or.jp/e2a/sangyou/参照）
- 解答の選択肢の数字を書いた紙（クイズの正解をあげる）
- 児童用ワークシート2枚……165ページ
- 工夫してあるモノの例として，紙幣やシャンプーのボトルなどの実物を用意するとよい。

●**授業の工夫**
- クイズを通して，身の回りの工夫されたモノにふれる。
- 班対抗にすることで，他者とのかかわりをもち，気づきの機会を増やす。

●**授業の評価の観点**
- クイズを通して，身の回りのモノへの気づきがあったか。

●**授業の様子や子どもたちの声**

　クイズということが，動機づけとなりました。子どもたちは，全7問に飽きずに取り組むことができたようです。グループで回答を決める際も活発に話し合いがなされ，解答をビデオで流すと「やった〜」「残念」との声があがりました。

　ビデオの解説を聞きながら，「へ〜」との声があちこちからおこっていました。子どもたちは，内容自体へのおもしろさも感じてくれたようです。授業後のアンケートには「いろいろな工夫があってすごいと思った」といったコメントが多く見られました。

企業人に学ぶ利他的な夢

	学習活動と子どもの様子	ポイントと留意点
導入	①単元のストーリーと予定を伝える。 「今日から6時間，みんなにはコンピュータ会社の新入社員になってもらいます」「まず，先生がユニバーサルデザインの製品を開発している人と作ったクイズで，いろいろな工夫されたモノを勉強します。次にパソコンのソフトとハードを開発した人が出演しているビデオで見ます。実際にパソコンも体験してもらいます。最後に，『目が見えない，見えにくい友達が，学校で勉強したり遊んだりするときに，便利なコンピュータ製品のアイデアを考えよう』をテーマに，班ごとにアイデアをまとめて発表してもらいます」	・単元の一貫性をとらえてもらう。1次2次の知識が3次でアイデアを考えるときに参考になることを伝える。
展開	②班対抗でクイズを行う。教材ビデオにそって全部で7問出す。〔問題映像→（ビデオを止めて）シンキングタイム→回答や回答の根拠を聞く→（ビデオを再生）解答・解説〕 　(1)リモコンの問題：次の3つのリモコンの中で，目の見えない人やお年寄りにとって，使いやすい工夫が一番多いリモコンはどれでしょう。 　「②番　たくさんボタンがあって，便利そうだから」 　「①番　ボタンが少なくて大きいから」 　(2)字体の問題　(3)色の組み合わせの問題 　(4)お金の問題　(5)話の問題 　(6)自動販売機の問題　(7)発券機の問題 ③クイズの正解数を聞く。	・班ごとに意見を言い合える配置で座らせる。班対抗にすることで，さまざまな意見にふれさせる。 ・ＶＴＲの中でクイズを紹介してくれる，池田さんの仕事に関心を向けさせる。 ・解説をしっかり聞き，ワークシートのメモ欄を利用するよう指示する。
まとめ	④クイズを通してわかったことを発表する。 　「身の回りには工夫がたくさんあることがわかった」「むずかしかった」「いろいろな製品があった」「ペットボトルを開けるものがほしいと思った」「耳の聞こえない人とは口を大きくあけて，その人のほうを見てしゃべるといい」「目の見えにくい人にもいろいろな見え方がある」 ⑤子どもたちの発表をまとめ，授業を振り返る。 ⑥宿題として，アイデアシートを配る。 　「普段の生活の中でもっと工夫できそうなところを探してメモしておきましょう」	・それぞれにいろいろなことがわかったことを共有するようにする。 ・みんなが使いやすい製品を目指し，開発している人がいることを伝える。 ・身の回りにはさまざまな工夫があり，まだまだできることがたくさんあることを伝える。 ・他者のことも考えて身の回りの生活を振り返るようにする。

※クイズの問題と解答については，ホームページを参照

指導案② 1〜2時間目 2次

みんながコンピュータを使えるように
パソコン周辺機器を見てみよう

●教師の思いと授業のねらい，そのねらいを設定した理由
- 障がいがある人がパソコンを使いやすくするための製品から，他者の生活を支えるモノを開発している人にふれる。
- パソコンを使ったコミュニケーションは，私たちにとって欠かせないものとなってきました。障がいがある人はコミュニケーションの手段が限られてしまいますから，パソコンは大切な道具です。パソコンは使えないものと思っている子どもたちに，サポートする道具によって，障がいがあってもパソコンが使えるのだよ，ということに気づかせたいと思いました。

●資料（教具・教材を含む）
- 教材映像②（入手方法は教材映像①と同様）
- 児童用ワークシート1枚
- 「ZOOM TEXT」体験版をダウンロードしたパソコン（数人に1台使えたらよい）
  ※ZOOM TEXTはNECの商品で，Windowsの画面を拡大するソフトです。体験版は，30日間，パソコン1台に1回かぎり，インストールして利用できます。

●授業の工夫
- 教材ビデオにそって製品を見たり，ZOOM TEXTを体験したりすることで，障がいがある人がより便利にパソコンを使えるように，工夫（改善）を重ねて開発を進めている人にふれる。

●授業の評価の観点
- だれもが便利にパソコンを使えるように，製品を開発している人がいることにふれることができたか。

●授業の様子や子どもたちの声

　ソフトを体験し，「こんなことができるんだ」「それぞれ工夫がなされているんだ」と感心していました。障がいがある人の生活を支える製品の開発者にふれ，「こんな仕事をしている人がいるんだ」と感想を残してくれました。講義型の授業となりましたが，真剣に授業に取り組んでくれました。画面拡大ソフトや，パソコンを操作するためのボタン型のスイッチ，息を吹いて操作するスイッチが，大きな驚きだったようです。

	学習活動と子どもの様子	ポイントと留意点
導入	①前回の授業の復習をする。 ②第3次のテーマを確認する。 ③本時の流れとパソコンを扱うことを説明する。 ・障がいがある人にとって，コミュニケーションは大きな問題で，パソコンを利用できることは，その問題を軽減することになることを伝える。	・池田さんとクイズでさまざまな製品を見たことを思い出させる。 ・3次の活動内容を確認し，本次の授業もアイデアに生かせることを確認する。
展開	④福祉製品の開発にかかわる澤野さんが，製品の説明をするビデオを見る。 ⑤『ズームテキスト』の説明を聞く。 ・目の見えにくい人がパソコンを使いやすくなるような，画面拡大ソフト。 ⑥『ズームテキスト』を見て体験する。 ・ビデオや操作ガイドを参考に，実際に操作してみる。 ⑦『オペレートナビ』の説明を聞く。 ・肢体不自由な人のための，画面内のキーボードをスイッチで操作する製品。	・製品を紹介してくれている，澤野さんの仕事に関心を向けさせる。 ・だれのための・何のための，どういう製品なのかをしっかり確認する。 ・体験することで，不便も体感し，不便への対応に関心を向けさせる。
まとめ	⑧製品を紹介するビデオを見た感想を話す。 「こんな製品があることを知らなかった」 「息を吹いてパソコンを操作できるのはびっくりした」 ⑨子どもの発言を振り返り，教師が授業をまとめる。	・それぞれの感想を共有する。 ・障がいがある人がパソコンを便利に使うためのサポート製品が出ており，より使いやすいように開発者によって改良が重ねられている。

指導案③ 　**1〜2時間目**　**3次**

コンピュータ製品の
アイデアを考えてみよう

●教師の思いと授業のねらい，そのねらいを設定した理由

　他者の立場に立って，その人の生活を便利にする工夫を考える授業です。

　子どもたちは1次・2次と，障がいや，障がいのある人を支える製品や工夫についての知識を多く得てきました。この知識を生かす場として，自分たちでも製品アイデアをまとめ，他者への貢献を意識できるようにしたいと考えました。

●資料（教具・教材を含む）
- 児童用ワークシート2枚……166ページ
- 画用紙（班に8つ切3枚，4つ切1枚）
- マジック

●授業の工夫
- 1次目に配布したアイデアシートを参考に，班ごとに，製品のアイデアをまとめる。
- 講師の先生からの意見を聞くことで，新たな視点に気づかせたい。

●授業の評価の観点
- 話し合いに積極的に参加し，興味関心をもって発表を聞くことができたか。

●授業の様子や子どもたちの声

　班ごとに，どんな場面で使う製品を考えるかを決めて話し合いを進めました。それぞれに考えてきたアイデアのよさを認めたり，自分のアイデアのよさを積極的にアピールしたりする姿が見られました。それぞれのアイデアのよいところを組み合わせたり，話し合いの中で問題点を解決したりする班もありました。「みんなでアイデアを考えたことが楽しかった」「ほかの班の発表を聞くのが楽しかった」と，授業は大変盛り上がりをみせました。

	学習活動と子どもの様子	ポイントと留意点
導入	①前時までの授業の復習をする。 ②本時のテーマを確認する。 ③発表用の画用紙の書き方を説明する。 ・画用紙の書き方や，発表の仕方も，他者を意識し，大きく書く，わかりやすく発表するとよいことを伝える。	・澤野さんにパソコン周辺機器を紹介してもらっことを思い出させる。 ・テーマを確認し，活動内容を確認する。
展開	④学校生活の多くの面を考えるために，班ごとに考える場面を設定する。 　場面の例……廊下の移動のとき，給食のとき，教室にいるとき，グランドや体育館で遊んでいるときなど。 ⑤班ごとにアイデアを考える。 　「小型なところがいいね」「色は白と黒か青と黄色がいい」話し合いはとても盛り上がった。 ⑥班ごとに画用紙に記入し，発表の練習をする。 ⑦順番に発表する。 ・「製品名はゆうどう君です」「帽子の中にカメラと小型コンピュータが入っていて，道案内をイヤホンで聞くことができます」「帽子は色が選べます」 ・質問を受けつける。 　「どうして帽子にしたのですか」「使った人が恥ずかしいと思わないよう，帽子のデザインにしました」 ・講師の先生からのコメントをもらう。	・アイデアシートをもとに，班で１つのアイデアをまとめる。話し合いを大事にする。 ・見やすい，聞きやすい発表にする。 ・専門家の意見が子どもたちにとって貴重であった。活動を認め，現実にはどんな製品があるのかを，コメントに織り交ぜてもらうとよい。 ・地域の福祉関係者に作品を見てもらえるように交渉してみるのもよい。
まとめ	⑧今回の授業のまとめをする。 ⑨授業の感想を聞く。 ⑩修了証書を受け取る。 　「研修を修了します。これからも，ほかの人の生活にも目を向けていってください」	・他者のためになる仕事をする人の姿から，みんなで支え合うことが必要なことに気づかせたい。 ・単元全体を振り返り，他者を今後も意識していってもらえるように，修了証書にメッセージをこめる。

単元指導の実際

❶実践の記録と成果

「パソコン会社に入りたいな」。単元終了後，一人の男の子が近づいてきて，楽しそうに言ってくれました。事前事後に行ったアンケートからも，本授業への関心の高さと，意識の高まりが読み取れます。「『福祉の授業をやります』と言ったら，とても楽しみだと思う」の質問に対しては，事前では平均3.4（5に近づくほど関心は高い）に対し，事後には平均4.2という数値が出ました。各担任の先生方からも，普段に増して積極的に授業に参加していたという感想をいただくことができました。

本単元を行ってから，身の回りの生活の中で工夫できるところはないか，といった着眼点で物を見るようになった子どもがいたようです。また，社会科の「未来の車を考えよう」という授業では，多くの子どもが福祉自動車を考えたとのお話も伺っています。福祉への関心を高めることができたと考えます。

授業後の感想には，「いままでは自分のことばっかり考えていたけど，これからは少しは他人のことも考えるようにしたいと思いました」といったものもありました。自分の便利を考えるだけでなく，他者という視点をもてるようになった子どもがいたようです。社会のために自分ができる仕事はなにか，と意識するきっかけになったと考えています。今後も，多くの人の仕事や考え方にふれ，選択肢を広げていってほしい。その中で自分を見つめ，自分が生かされる場を見つけていけるような授業が必要であると考えます。

❷課題

今回の実施では，各次の間隔をあけずに授業を行いました。ある程度の間隔をあけ，生活を振り返る時間をとれれば，より効果的であったと考えます。

また，子どもたちは製品を開発する人の姿に大変興味をもっていましたから，もう何人かの方の仕事ぶりを紹介できたらよかったと考えます。

❸引用・参考文献

- 藤川大祐「『利他的な夢』に向かう大人の姿に出会う」，授業づくりネットワーク　2003年10月号，学事出版
- 藤川大祐編『「確かな学力」が育つ　企業とつくる授業』教育同人社

企業人に学ぶ利他的な夢

クイズで学ぶ！

年　組

☆さまざまな人のために工夫されている製品などを、クイズをとおして見ていこう。クイズをとおして分かったことをメモしよう!!

問題	班の答え	正解	クイズをとおしておどろいたこと
①			
②			
③			
④			
⑤			
⑥			
⑦			

アイデアシート

年　組

☆身の回りの工夫できるところ、こんな製品があったらいいなと考えたものを、メモしておこう!!

こんなとき	こんなところが不便	こうなったらいい・こういう製品があったらいい（イラストと説明）

アイデアをまとめよう！

年　組 ＿＿＿＿＿＿＿

☆班でアイデアをまとめよう。みんなでアイデアを出し合おう!!

●製品名を決めよう。

班 ＿＿＿
①製品名

●どんな場面でこの製品が必要かな？　なんのためにこの製品が必要かな？

②場面・なんのために

●イラストを書こう。
イラストだけでわからないところは文章で説明しよう！

③イラスト＆説明

●この製品で工夫したところを書こう。

④工夫したところ

アイデアコメントシート

年　組 ＿＿＿＿＿＿＿

☆みんなの考えた製品のアイデア発表を聞いて、よかったところ、もっとこうしたらいいなと思ったところをメモしておこう！

班	製品名	よかったところ、もっとこうしたらいいなと思ったところ
1班		
2班		
3班		
4班		
5班		
6班		

身の回りの問題に取り組む

毎日のクラス会議でこころが育つ

小学校全学年 / 学活 / 毎日10〜30分

森重裕二

諸富祥彦が語る
この実践 ここがポイント！

■森重先生の魅力とその信念■

　森重先生は，私がこの数年，全国を回りながら出会った何百人もの若手教師のなかで，間違いなくナンバーワンの方。「こんな方に，これからの日本の学校を担ってほしい」と希望を抱いた方でした。

　私との出会いは，私が研修会講師として京都に赴いた時のことです。教師として純粋な視点をもち，大事なことは素直に大事と言える感性をもった人柄が印象的でした。情熱をもって子どもに接しているが，技術がないというケースを目にすることが多いなかで，森重先生は情熱とともに，それを具体的な形にできる方法論をもっている稀有な逸材です。

　私と会ったとき，先生はこう言われました。「クラスを伸ばしていくために特別なプログラムを実践すれば，一見栄えがよく，研究授業としても面白いと思います。でも本当にクラスを育てるには，短時間でもいいから毎日繰り返すことのできる実践が必要だと思います。そしてこの"毎日できる実践"が，"クラス会議"だったんです」と。

■毎日実践できるクラス会議■

　子どもたちの毎日の生活を大事にできるようなプログラム，子どもたちが疑問に思う問題を考えながら毎日継続できるプログラムを探求した結果が，朝の短い時間を活用した"クラス会議"の実践だったのです。何よりも，無理なく粘り強く継続できる時間設定の工夫が光ります。たとえベテラン教師ではなくても，自分なりのしっかりしたフィロソフィー（哲学）をもって子どもたちに向き合えば，いい結果が生まれることを示す好例です。クラス会議のバックボーンは，アドラー心理学に基づいた民主的なフィロソフィーです。ここには，すぐれた学級経営をだれでも実現できるようなノウハウがびっしりつまっています。子どもたちが確実に育っている，この実践の秘訣をぜひ読み取っていただければと思います。

単元全体の計画　　全学年　学活　毎日

クラス会議で心を育てる

森重裕二
もと滋賀県中主町立中主小学校

❶ 単元（ユニット）設定の理由

　子どもたちに，コミュニケーションの力・問題を解決する力を育みたいと願い，いろいろ試してみましたが，数時間の授業だけでは，本当に実践的な力はつかないのではないかと感じていました。実践的な力を育むには，途方もない時間が必要なのかも知れないとも感じていました。なんとか長期的に取り組むことができて，子どもたちに実践的な力を育むことができることはできないのだろうか…と考えていたとき，『クラス会議で子どもが変わる』（ジェーン・ネルソン他著，会沢信彦訳，コスモスライブラリー）という本に出会い，衝撃を受けました。その理由は以下の4点です。

- 毎日，短時間の子どもたちの話し合い活動を続けることが重視されていること。
- お互いを大切にする雰囲気作りを重視していること。
- 自分たち自身のことや実生活の問題から学ぶ活動であること。
- 教師の権威を排除し，子どもたちの活動を促すかかわり方をすすめていること。

　これならば，長期的に取り組むことができ，子どもたちに実践的な力をつけることができるかも知れないと考えて「クラス会議」を導入しました。

❷ 単元（ユニット）の目標

- みんなが助け合って，互いを尊重し合うことができる。
- 友だちのいいところを認め，自分のいいところを認め，自分に自信をもつことができる。
- 問題があれば，それを自分たちで解決することができる。
- 試行錯誤しながら解決する方法を学び，自分たちの生活に生かしていくことができる。
- 自主的に，主体的に，自分たちのクラスを運営していくことができる。

❸ こころを育てる仕掛け

　「クラス会議」は，アドラー心理学をもとにした学級経営の一技法です。互いを大切にし合う雰囲気のなかで，互いを勇気づけ，助け合うことを意識して，毎日，短時間の会議

をします。

クラス会議では「いいところみつけ」と「議題の話し合い」の2つの活動を行います。「いいところみつけ」では，友だちや自分のいいところを言い合う活動によって，クラスに認め合う関係をつくります。「議題の話し合い」では，クラスの問題や自分や友だちの悩みについて，原因追求や責任追及をするのではなく，徹底的に解決策を話し合います。悩み，考え，話し合い，助言し合う。うまくいかなければ，また話し合う。その話し合いの結果，解決策を試してみることになるので，確実に自分たちの生活，自分たちのクラスに影響を与えていく。その活動の繰り返しが大きな力を育む。その2つを毎日続けることで，子どもたちは確実に力をつけていきます。

クラス会議を実践する際，教師の役割は，子どもたちが安心して活動できる場にすることを意識し，子どもたちを勇気づけていくことです。教師は子どもたちの活動を促進する役目に徹すればよいのです。子どもたちは，クラスの友だちや自分たちの周りの身近な問題からどんどん学んでいきます。教師が想像もしないようなことまで学んでいきます。ときには，子どもたちでは解決できず，教師もどうすればいいか悩むような問題にぶつかることもあります。しかし，そんな問題も子どもたちと一緒に必死になって考え，解決していくことで，教師もともに成長していくことができるのです。

私は，子どもたちにかかわる際，以下の3つのことを意識するようにしています。

- 徹底した肯定的なかかわりを意識しつつ，うまくいかない部分に関しては改善できるよう勇気づけること。
- 「〜してくれてありがとう」「それを聞くととてもうれしいよ」などの感謝の言葉をつねに心がけること。
- 子どもを徹底的に信頼すること。

❹ 指導上の工夫

工夫するのは，とにかく継続できるように時間を設定することです。毎日続けるのはとてもむずかしいことです。私は，朝の会をクラス会議の時間として設定しました。ほかにも，給食前，帰りの会…など，それぞれの教師がやりやすく，続けやすい時間を設定すればよいでしょう。週に1回設定するということもできますが，短時間でも毎日続けるほうが効果的だと思います。

必要に応じて，構成的グループエンカウンターやソーシャルスキルトレーニング，アサーショントレーニングなどの学習を設定することも効果的です。毎日のクラス会議がトレーニングの場となります。また，道徳の学習や心のノートなどの学習と効果的にからめていくこともできます。

指導案	毎日の朝の会

クラス会議!! MCM！
(Morning Class Meeting)

● 教師の思いと授業のねらい，そのねらいを設定した理由

　MCMとは毎朝行うクラス会議です。私はクラス会議を「お互いを大切にする雰囲気（相互尊敬）」「いいところを見つけること（勇気づける）」「困ったことや悩みはクラスみんなで助け合うこと（共同体感覚）」など，クラスで大切にすることを確認する場として考えています。クラス会議での話し合いによって，次のことを身につけてほしいと願っています。

- 自分自身に自信をもつことができる。周りの友だちを認めることができる。
- 普段の生活での問題に対して，勇気を持って解決をめざして行動する。
- 自分たちのクラスがどんな問題も解決していけるという自信を持てる。
- クラスに所属していることを実感しながら，安心して生活できる。

● 資料（教具・教材を含む）
- みんなの輪（円になること）　・もんきちくん（トーキングスティック）
- 議題箱　・議題を書くための紙　・サイコロ　・くじびき

● 授業の工夫
- 輪になって，互いの顔が見えるようにし，話しやすい雰囲気をつくる。
- いろいろな友だちのいいところを見つけるための手だてとして，サイコロやくじ引きなどを使ってやり方を工夫する。
- 身近なところに議題箱を置き，いつでも議題を入れられるようにしておく。

● 授業の評価の観点
- 友だちのことやクラスのことを思って発言や行動しているか。
- 子どもたち同士でも勇気づけ合い，高め合っていけるようにつとめているか。

● 授業の様子や子どもたちの声

　クラス会議は毎日ほとんど同じ流れです。しかし，子どもたちに飽きるという様子は感じられません。いいところを見つけてもらったり，アイデアを出し合ったり，演じてみたりできて楽しいと口をそろえます。笑顔がたえず，真剣で，友だちのことをよく考え，積極的に意見を出し合います。みんながやりたがるロールプレイは，ドラマの名場面のよう！　子どもたちは（教師も…），とても楽しんでいます。

学習活動と子どもの様子	ポイントと留意点
① 輪になる。 ・床にそのまま座ってもよいし、イスに座ってもよい。ただ、イスのほうが姿勢がよくなる。	・輪になることも大切な活動のひとつ。なるべく子どもたちにまかせながら、子どもたちから出てくる意見やつぶやきに耳を傾けておき、気になることがあれば取り上げて、話し合うようにする。
② 「いいところみつけ」をする。 ・サイコロでやり方（右回り・左回り・自由など）を決めても面白い。《実態に合わせて》 ・言われたときは「ありがとう」と言う。	・拍手を大きくしている子や、しっかりと話を聞けている子を紹介する。 ・友だちをよく見て、詳しくいいところを紹介した子を紹介する。 ・言えないときは、「パス」してもよい困ったときは「ヘルプ」と言って、助けてもらってもよい…など、言いにくい子に対する配慮も大切。
③ 「議題についての話し合い」をする。 　1　議題を確認する。 　2　議題を役割演技をする。	・議題を読んで、わかりにくい場合はみんなにわかるように議題について詳細を確認する。 ・役割演技をする際、なるべくリアルに、楽しく、オーバーに演じられるように声をかける。 ・演技をした子に、演じてみての感想を聞く。
④ 解決のアイデアを出し合う。	・解決のアイデアを募る際、友だちを大切にしていないアイデアがないか、つねに気をつける。もしも、そう感じた場合は子どもたちに返してみる。 ・場合によっては、みんなが意見を言えるように小グループでアイデアを出し合う。
⑤ 議題を出した子が、最もよい解決を選ぶ。	・議題を出した子に、どの解決策を選ぶか聞き、場合によっては、ほかの子にも意見を聞いてみる。
⑥ よい解決を役割演技する。 　（時間によってはカット）	・役割演技をする際、なるべくリアルに、楽しく、オーバーに演じられるように声をかける。 ・演技をした子に、演じてみての感想を聞く。 ・議題によっては、全員が役割演技できるような場を設定する。

単元指導の実際

❶ 実践の記録と成果

　私は実践を通して，「クラス会議には絶大な力がある！」と心から実感しています。それも，教師が教えるというより，子どもたち同士で学び合うというほうが正しいのです。「どんどん変わっていく子どもたち」がそれを教えてくれます。

　子どもたちに「楽しい？」と聞くと，ほとんどの子が「楽しい！」といいます。「なんで？」と聞くと「いいところ言ってもらえるやん！」とか「いやなことあっても助けてもらえるし，やりたいことは議題に入れたりできるもん！」といいます。毎日で飽きないのかと思いますが，子どもたちは飽きないし，むしろ喜んでやっているのです。

　しかし，初めからすべてがうまくいくわけではありません。時間をかけて，少しずつよくなっていき，少しずつ学んでいくのです。実際，私のクラスで「いいところみつけ」をし始めたとき，いいところを言えた子は一人もいませんでした。それが一人，二人と少しずつ増えていき，全員が言えるようになりました。積み重ねるうちに，2学期くらいから，だれのことでもスムーズに言えるようになりました。言う相手を「くじ引き」で引いてもすぐに言えるようになりました。3学期には，全員が自分のいいところを，堂々とみんなに発表できるようになりました。言ってもらった後の感謝の言葉「ありがとう」もすぐに言えます。保護者や地域の方から「何気ない場面で『ありがとう』と言えるようになった。」と報告を受けることもたくさんありました。

議題と解決のアイデア

　「議題について話し合い」には，自分たちに起こった問題やクラスで問題だと思うことや，みんなでお楽しみ会をやりたいなどさまざまな議題が入ります。それを毎日短時間話し合います。だれかを責めたり，原因を追求するのではなく，みんなで頭をひねって解決策を考えます。解決のアイデアには，ときにはとんでもないものも出てきますが，直接解決に結びつきそうにないアイデアが問題を解決することもあるのです。このようなものも含め，「解決のアイデア」を話し合い，その中からよいと思うものを試してみることは，原因・責任追及をしたり，教師が叱責したりすることよりもはるかに効率的に問題を解決していきます。アイデアの中には，攻撃的なものやだれかを責めるものもありますが，そういうときは「友だちを大切にできているかな？」と問います。すると子どもたちは，ク

ラス会議は「原因追求・責任追及，犯人探し・悪いところ探しをするところ」ではなく，「解決のためのアイデアをみんなで考えるところ」だということを知ります。それを知ったら，子どもたちはもうだれかを責めることはしません。問題の解決策を考えることで，自分たちで問題を解決していくためのアイデアをため込んでいきます。実際，3年生の子どもたちは，自分たちの問題のほとんどを問題が起きたその場で解決するようになり，3学期のクラス会議ではクラス全員にかかわることだけを話し合っていました。

教師には「子どもをちゃんと指導しなければ」という意識がつきまとうので，このような方法では問題が起こるのでは…という心配があるものです。しかし実際にはむしろうまく機能するし，問題に対しても効果があります。クラスのだれかがやっていることが問題として議題に入れば，ほとんどの場合，自分から手を挙げて「ごめんな。もうやらへんし」と言って終わります。叱責しなくても，子どもたちはしっかりと責任をとります。

続けることで力がつく

何度も言っていますが，クラス会議は，毎日短時間，同じ活動を続けることで効果を上げられるのです。子どもたちは互いを大切にし，話を聴き，積極的に交流し，積極的に活動するようになります。その雰囲気は普段の教科学習もスムーズにしていくことになります。2年間実践したが，どちらのクラスも子どもたちの明らかな成長に，クラスの様子を見た保護者，教師，私自身も含めてだれもが驚きました。これを読まれた先生方も一度トライしていただきたいと思います。

❷ 印象的な議題

クラス会議を説明するには，クラス会議をしている子どもたちを見てもらうことがいちばんです。しかし見てもらうことは無理なので，印象的なことを紹介します。

> ①「いつも同じ方向に帰る子に「一緒に帰ろう」と言うけど，無視されます。どうすればいいでしょうか？」（この子は1学期の初めからこのことで悩んでいた）

- アイデア：1　帰るときじゃなくて，休み時間に頼んだらいい。
　　　　　　2　違う人と帰ったらいい。
　　　　　　3　後ろをつけて帰ったらいい。
　　　　　　4　無視されてもめげずに何回も言えばいい。　　なになど
- みんなができること：
　　　　　　1　途中まで一緒に帰って，2人が一緒に帰れるように話をする。
　　　　　　2　一緒に頼みに行ってあげる。
- 議題を出した子が選んだ解決
　　　　　　「いろいろアイデアありがとう。でも，もう1回，自分で頼んでみるわ」

この解決は，とても面白いものでした。たくさんアイデアも出したし，クラスみんなで助

けてあげられるぞ！ということをアピールして，クラスでバックアップ体制をとったら，本人は自分でもう一度言うということを選びました。クラスがバックアップとなって，自分でできる勇気をもてたのなら，とても素敵なことです。

さらにこの話は翌日に続きました。

B：「昨日のAちゃんのやつ，どうなったん？」
A：「…（笑顔）」
C：「Aちゃん，昨日ニコニコで帰ったし。だいじょうぶやろ？」
A：「…うん（笑顔）」

BとCは，Aとはとくに仲よしというわけではありません。そういう子たちが，悩んでいた子のことをしっかり気にかけていたということがすばらしいと思いました。それ以降，Aにそのことで悩んでいるそぶりはありませんでした。

その議題の後，ある子が私に言いに来ました。

D：「私も一緒に帰る人おらへんねん」
私：「そうなんや。でもおんなじ方向に帰る人，クラスにもいるやん」
D：「そうやねんけど…」
私：「一緒に帰ろうって誘ってみたら？」
D：「うん…」
私：「先生に助けてほしい？」
D：「うん。（笑いながら）先生言ってーや」
私：「なんでやねん！自分でできるやろ？」
D：「うん，わかった。明日自分で言ってみるし，困ったら助けてな」
私：「よっしゃ。がんばりや。楽しみにしてるわ」

この子は結局，翌日自分でクラスの友だちに声をかけることができて，一緒に帰るようになったそうです。このように，ほかの友だちの解決を目の当たりにして，自分の問題も解決していくことができる子もいました。

②「僕が教室の前の先生のところに行っている時に，だれかがイスを廊下においていました。前にもあったんやけど，もうやめてほしいです。どうしたらいいと思いますか？」

イタズラでやっているんだろうけど，とてもイヤだから…ということでみんなで解決方法を話し合いました。すると，ある子が手をあげて言いました。

「僕がやっててん。ごめん。もうやらへんし」

その子のことは，一切，話が出ていなかったのですが，しっかりと自分のやったことを認め，謝罪しました。みんなは，手をあげた子の勇気を拍手でたたえました。

責められない安全な環境では，自分の否を素直に認めることができるように思います。こういうことは日常茶飯事。ほとんどの場合，犯人探しをしなくても，自分から名乗り出

るのです。

> ③「家の近くのグランドでボールでキャッチボールをして遊んでいたら，上級生が来てボールをうばって，草むらに投げました。ボールは見つかりません。なんでそんなことするか理由を聞いたら『楽しいから！』と言われました。どうしたらいいでしょうか？」

- アイデア：1　あやまってもらう。　　2　弁償してもらう。
　　　　　　3　探したらいい。　　　　4　先生におこってもらう。
　　　　　　5　先生に助けてもらう。
- みんなができること
　　　　　　1　一緒に探してあげる。　2　一緒に話をしにいく。

　議題を出した子がこれらのアイデアから，選んだ解決は「先生に助けてもらって話をして，みんなに助けてもらって探しに行く」でした。そこで私は，上級生と話し合うための場を設定しました。するとあとは，「もうあんなことせんといてな。それと，あのボール大切やし，返してほしい。一緒に探してほしいねん」と自分で話をしました。

　その後，クラスには「探検隊」が結成されました。放課後に探しにいくことができる10名くらいの子が，暗くなるまでみんなで3日間探しに行きました。上級生も「探検隊」に参加しましたが，なかなか見つかりませんでした。その姿を上級生のおうちの方が見て，お父さんが上級生と一緒に探し出してきてくれたそうです。

　議題を出した子たちは，ずっと笑顔でした。探しにいくときも，楽しそうでした。結局，ボールが見つかったことで解決となり，だれも責められることなく，みんなが助け合って解決することができました。だれも責めず，自分たちも解決に向けて動き，その動きが相手を動かし，徹底的に解決したことが私には驚きでした。もし，教師の私がかかわっていたら，「謝る」ことで解決させていたかもしれません。子どもたちのとった解決策は，時間はかかりましたが，全員が納得する形でしっかりと解決することができました。

> ④「給食の準備の時間，保健室に行っている間に机の上に置いていた箸箱が落ちて割れていました。何か知っている人はいますか？」

　クラス会議で話を聞いた私は，この議題についてどんな話し合いをしたらいいのか困ってしまいました。犯人探しはしないようにしていたし，かといって割れてしまった箸箱は戻らないので解決策は見出せないのではないか……と思っていました。しかし，子どもたちは違いました。箸箱を落とさないようにするためのアイデアを次々と出し始めました。

- アイデア：1　食べるまで給食袋に入れておく。
　　　　　　2　机の上に置かないで机の中に入れる。
　　　　　　3　机にテープで貼っておく。　4　持って歩く。　　などなど

子どもたちのアイデアを聞いて，目からうろこが落ちる思いでした。議題を出した本人もどうやら納得したようで，「給食を食べるまで給食袋に入れておく」という解決策を選んでその話し合いは終わりました。

　しかしここで問題になるのは「割れた箸箱」についてはどうするのか，本人は納得しているのか，指導をすべきではないか，ということです。その後，本人に話を聞きました。

　私：「今日の話し合いやけど……。箸箱，割れたんやろ？」
　Ａ：「うん。そうやで。それがどうしたん」
　私：「もうええの？　箸箱のことは？」
　Ａ：「ちゃんと話し合ったやん」
　私：「そうやねんけど。箸箱のこと，納得してるん？」
　Ａ：「箸箱が何……っていうか，先生何の話に来たん???」
　私：「だから箸箱のことや。おうちの人にはちゃんと言ったんか」
　Ａ：「言ったで。ちゃんと言って買ってもらった」
　私：「で，納得したん」
　Ａ：「何??　先生何言ってんの？」

　こんな具合でした。Ａにとっては，犯人探しをしたり，割れたことをどうこう言おうということが目的ではなかったのでしょう。純粋にだれか知っている人がいないかを聞きたかったようです。確かに，困っていたのでしょうが，みんなからたくさんのアイデアをもらって，満足したようでした。

　同僚ともこの話をしましたが，教師はだれがやったかをしっかり見つけて指導するということが大切だと考えがちです。けれど，子どもたちはそうではないのかも知れません。もしも故意にやった者・気がついていた者がいれば，自分で名乗っているでしょう。この件に関して犯人探しをすることはナンセンスだったように思います。

　本人も，おうちの人としっかり話すことができ，納得していました。話し合いを聞いていた子どもたちも，それ以降は気をつけるようになるでしょう。本人もしばらくは気をつけていました。その後，給食袋から箸を出したままにしていることがよくありましたが，また割れたときには自分の責任だと思うことでしょう。

　このように，議題に対して解決志向で話し合うことに伴って，自分たちの行動に責任を感じる意識ができてくるように思います。

　1日に2〜3個の議題を話し合うと，1年で500個くらいの議題を話し合うことになります。たくさんの議題の話し合いから学ぶことは，子どもも教師もとても多いのです。

❸ 引用・参考文献

- ジェーン・ネルセン，リン・ロッド，Ｈ・ステファン・グレン著，会沢信彦訳，諸富祥彦解説『クラス会議で子どもが変わる』コスモスライブラリー

さまざまなテーマ

教師同士のピアサポート

| 教師 | 研修 | 全4回 |

池本しおり

諸富祥彦が語る
この実践 ここがポイント！

■**人間関係に悩む教師たち**■

いま，職場の人間関係に悩む教師が大変多くなっています。小学校の場合，個々の教師の独立性の高い高校などとは逆に，教師同士の関係が密着しすぎるきらいがあります。しかし，その一方で，「自分の学級のことには口を挟むな」という担任中心主義の伝統が根強いことも，小学校の際だった特徴です。こうした壁をどう乗り越えていくかが，大きな課題と言えます。

私が主宰する「教師を支える会」の活動を通じて垣間見られるのは，教師の悩みというのは，結局は同僚教師との人間関係に集約されるということです。もちろん学級経営上の問題や保護者との問題もありますが，それだけで休職や退職にいたる方は多くありません。退職を考える先生にとっていちばんの問題は，そういう状況において助けを求められる職場の人間関係が存在しないことです。その学校がよくなっていくかどうかの決め手は，教員同士の人間関係のよしあしにかかっていると言っても過言ではありません。

■**積極的な導入が必要なピアサポート**■

池本先生が行っておられる教員同士のピアサポートは，いま切実に現場で求められているものです。とくにグループカウンセリングを取り入れているところが面白いと思います。いきなり悩みを参加者の前で語るのではなく，フォーカシングのクリアリング・ア・スペース（心の整理法）を用いているところに工夫が見られます。そのうえで問題を語り合い，参加者からの質問で明確化し，アドバイスを受けます。

このようなピアサポートやグループカウンセリングが各学校に定着すれば，私が言う「弱音を吐ける職員室」が実現できるのだと思います。評価主義が叫ばれ，ますます弱音がはきづらくなっている昨今。さらに注目されるべき実践と言えるでしょう。

単元全体の計画　　教師　研修　全4回

教師同士のピアサポート（仲間支援）

池本しおり
もと岡山県教育センター

❶この校内研修会を設定した理由・実践者の思い

　岡山県教育センターには県下からたくさんの先生がみえられ、私も研修講座や面接相談などで、さまざまな校種の先生にお目にかかりました。

　先生方とのお話のなかでまず初めに出てくることは児童生徒のことですが、話がさらに深まってくると、職場における人間関係のことがしばしば話題として登場します。「困ったときに助けてくれる同僚がいて、本当に救われた」という声が聞かれることもあれば、「だれの協力も得られなくて、とてもつらかった」「管理職や同僚の無理解が、いちばんこたえた」という声も聞かれます。そのようなお話を聞かせてもらうたびに、職場の人間関係がどれほど大切なものであるかを思わざるを得ません。

　また私自身、前任校に勤めていたとき、信頼できる同僚に助けられて危機を乗り越えた経験をもっています。

　教師という仕事がなかなかむずかしい時代となり、心を病む教師が増えているなか、同じ職場の同僚（ピア）が互いに支え合うこと（サポート）のできる学校風土をつくっていきたいと願い、教師を対象とした校内研修会を試みました。

❷校内研修会の目標

- 職場のなかに「本音で話し、支え合い、学び合う」雰囲気をつくり、同僚（ピア）が互いに支え合うこと（サポート）ができるようになる。
- そのことを基盤とし、よりよい教育活動にもつなげていくことができるような人間関係をつくる。

❸研修プログラムの立案について

　参加した教師が、互いに安心して自分を語ったり、人の話を誠実に聴いたりするなかで相互理解を深め、信頼関係を築くことが基本となります。

　また、サポートのためのスキルを身につけ、それを日常生活で発揮することが、居心地

のよい職場づくりにつながっていくものと考えられます。

　さらに，個人の課題や学校における課題などを，安心できる小グループで話し合い，課題解決につなげていきます。

❹ 校内研修会の工夫

- 教師が日常の業務を離れて，ほっとできる時間を保障します。
- 自己理解・他者理解をするなかで，各自が自己変容のきっかけをつかんだり，同僚と支え合うことを体験的に学んだりできる内容とします。
- 段階をおって，個人の内面にふれることができるような内容にします。
- 研修で体験したことを，教師が以後の教育活動に活用することができるように，児童生徒にも使える演習を中心に構成します。
  ＊県立高等学校での実践なのでこのような配慮をしましたが，この点は，各校種で工夫していただきたいと思います。
- 4回という限られた時間で研修のねらいを達成するため，研修内容の精選をします。

❺ 校内研修会の計画　全4回

	テーマと内容	ねらい
1回	【人間関係づくり】 ・構成的グループエンカウンター ・グループワークトレーニング	まずは緊張を和らげ，安心でき，信頼できる人間関係づくりを目指す。
2回	【サポートのためのスキル①】 ・聴き方演習	他者をサポートするときの最も基本となる，人の話を聴くときのスキルを身につける。
3回	【サポートのためのスキル②】 ・対立の解決	対立している両者の間に立って，問題を解決するためのスキルを身につける。
4回	【課題解決に向けて】 ・グループカウンセリング	個人の課題や学校における課題など，話せる範囲内で話題を提供し，解決に向けてグループで話し合う。

指導案① 3回目

対立の解決

●実践者の思いと研修会のねらい，そのねらいを設定した理由

　人と違う考えをもっていたり，ときとして対立することは，決して悪いことではありません。しかし，私たちは対立を避けようとします。それはいったん対立してしまうと，感情的なこじれを伴い，何かと気まずくなることが起こるためです。しかし意見の違いを調整し，建設的な解決策にいたるとすれば，対立も次へのステップアップとなります。このような調整のための「コツ」を身につければ，日常生活のあらゆる場面で役立てることができます。

　この研修会では，対立している両者の間に立って，問題を解決するためのスキルを身につけ，日常生活で役立てることができるようにします。学校で起こりがちな場面を設定し，どのようにすれば互いが納得のいくような解決策を導き出すことができるか，オリジナルのシナリオを通して，体験的に学びます。

●準備物
- 「シナリオロールプレイ」のための資料

●研修会の工夫

　学校で起こりがちな場面を設定し，オリジナルのシナリオを準備することで，日常生活に即した対立の解決方法を学ぶようにしました。

●研修会終了後のアンケート（自由記述）
- 人間関係のなかから学ぶこうした試みには，予期せぬ発見があるということをあらためて感じました。
- ロールプレイは現実感があって考えさせられます。頭のなかでは自己の現実，体験が浮かんでいました。
- 役割を演じながら話をすることはむずかしいですが，相手を受け入れようと善意で聞くことの意味をあらためて考えました。
- セルフイメージは仲間によって高められていくことを体験しました。

研 修 会 の 流 れ （2時間30分）	ポイントと留意点
（1）シナリオ・ロールプレイ 【学年主任として担任に話す場面を想定して】 　登場人物：A担任（40歳・男性），B学年主任（45歳・女性） 　場面設定：10月ごろの出来事。B先生のところに生徒が2人やってきて，「A先生があまりにひどいからなんとかしてほしい」と訴えた。それを受け，B先生がA先生と話し合う場面。 ①小グループに分かれ，話し合いの初めの場面をシナリオで読み合わせする。 　→両者の会話は，どこかで話がすれ違っているために，意義のある会話になっていない。そのやりとりを，シナリオで読む。 ②グループごとに協議と演習 　→B先生はA先生にどのようにかかわっていけば建設的なやりとりができるのか，グループで話し合ったうえで，シナリオの続きをロールプレイしてみる。その後，グループで行ったロールプレイについて発表する。 ③代表グループ実演 　→代表グループがシナリオの続きを実演してみた後，どのような点がよかったか，どのようなほかの応答が考えられるかについて，全体で意見交換する。ほかの応答が考えられる場合，その続きを演じてみる。 （2）対立解決のコツ 【互いが納得いくような解決策を導き出すためのコツ】 　○相手の話をよく聴き，気持ちを受容する 　○両者のニーズを満たすような「勝-勝の状況」をつくる 　○裁かない 　以上について，まとめをする。	・学校で起こりがちな場面を設定し，シナリオはオリジナルのものを使う。 ・両者とも熱心に自分の言いたいことを主張しているが，話がすれ違っていることに気づく。 ・両者がいちばん伝えたいことは何なのか，その真意を考えながら，続きを演じてみる。 ・応答にはさまざまなものがあるが，いろいろな意見を自由に出し合うことで，理解を深める。 ・（1）で演じてうまくいった場合は，これらのコツを満たしていることに気づく。

研修の様子

　「対立の解決」はサポートのためのスキルとして身につけておきたいものですが，日本では比較的新しい研修内容です。この日も参加者は「リアルすぎるシナリオ」に，「いったいこの先どうなるのか」という不安を覚えたようですが，みんなでアイデアを出し合ううちに，A担任・B学年主任の真意がわかり，建設的な解決策に導くことができました。「議論とケンカは違っているとわかっていても，現実の生活では，ついつい感情的になってしまうことがある」とか「対立の場面に遭遇したら，できるだけかかわらないようにしてきた」など，率直で正直な意見も出され，互いに共感しながら，研修が進んでいきました。

　両者が納得する「勝-勝の状況」をつくることは決してやさしいことではありませんが「対立解決のコツを知っておくだけでも，ずいぶん違う」「子どもにもこの内容を学ばせたい」という感想も聞かれました。

指導案② 4回目

グループカウンセリング

●**実践者の思いと研修会のねらい，そのねらいを設定した理由**

　私たちはだれでも，こころのなかに大小さまざまな悩みや葛藤を抱えています。そのなかには，そっとしまっておきたいものもありますが，だれかに話してみたいものや，だれかの考えを聞かせてほしいものもあると思います。そんな，「話せる範囲内のもの」を安心できる小グループのなかで話し，聴いてもらえる喜びを体験したり，助言を得たりします。

　また，学校を居心地のよい空間とするためにどのようなことができるかについて，日ごろ考えていることを率直に意見交換し，深めていきます。そのなかのものを行動化につなげることができれば，学校は少しずつ変わっていくかもしれません。

　この研修会では，個人の抱えている課題や学校における課題などを，話せる範囲内で話題として提供し，解決に向けてグループで話し合います。また，「私の提案」として，日ごろ考えていることなどを話し合い，共通理解を図って行動化につなげます。

●**準備物**
- 「クリアリング・ア・スペース」のためのワークシート

●**研修会の工夫**

　ここにいたるまでの研修会で，人間関係をつくったり，サポートのためのスキルを身につけたりしているので，最終回にグループカウンセリングを設定しました。

●**研修会終了後のアンケート（自由記述）**
- 深いかかわりができたと思います。不安感や安心感を共有し合うことの大切さをあらためて感じました。
- このような非公式の話し合いの場が必要であると感じました。普段は時間と仕事に追われていますが，安心して何でも話せる環境がよかったです。
- こころが通じ合う場から，こころのゆとりをプレゼントされ，いま，とてもよい気分です。
- この場の雰囲気のあたたかさが，私を元気づけてくれると感じました。忙しいなかでちょっと無理してでも来てくれる人たちへの感謝の気持ちでいっぱいです。その思いはこれからも続いていくものになるに違いない，そんな気がしました。

研修会の流れ（3時間30分）	ポイントと留意点
（1）クリアリング・ア・スペース（人数・4～5人） 【個人で心の整理】 ・ワークシートに印刷されたカップの中に，いま気にかかっていることを思いつくままに記入し，その中から，小グループで聞いてもらいたい話題を一つ決める。 （2）グループカウンセリング 【グループで課題解決】 ・グループカウンセリングの流れ ○グループ内で，だれから話すか，順番を決める。 ○話し手は，決めた話題について，概要を話す。（3分） ○グループのほかのメンバーは，その内容を明確化するような質問をし，話し手はその質問に答える。（7分） ○話し手の悩みや困っていることに対して，全員でアイデアを出し合い，解決策を考える。（15分） ○話し手は，話を聴いてもらった感想を述べる。（2分） ＊この手順で，全員が一通り話す。 ○その後，全体シェアリングで，グループカウンセリングの感想を自由に述べ合う。 （3）意見交換会 【私の提案】 ・学校を居心地のよい空間とするために，どのようなことができるかについて，日ごろ考えていることを率直に意見交換する。その中で，実際に行動化につなげることができるものがあれば，具体的に提案する。	・話せる範囲内の内容のものを，一つだけ選ぶ。 ・安心して話せる場を保証する。そのためには秘密の守られる場所を確保するとともに，メンバーの間での守秘の確認をする。 ・解決策を見つけ出すことのみに，こだわらない。場合によっては，話を聴いてもらえただけでもいいこともある。 ・日ごろ考えていてもなかなか提案できないことについて，忌憚のない意見を交換する。

研修の様子

　この回にいたるまでに，参加者のあいだで安心感や信頼関係が築かれていたことや，人の話の聴き方など，サポートのためのスキルも既に研修していたことなどから，グループカウンセリングの準備状態はできているようでした。

　グループカウンセリングで話された内容は，職場でのことや家庭でのこと，自分の生い立ちに関することなどさまざまでしたが，ときどき屈託のない笑い声が聞かれたり，涙の場面があったり，う～んと考え込み，沈黙が続くこともあったりしました。

　私自身も傍で聞かせていただきながら，あたたかい仲間に支えられることの喜びを全身に感じ，ピアにサポートしてもらうことの幸せに浸っていました。

単元指導の実際

❶成果

（1）研修会の事前・事後のアンケートから

　研修会の事前・事後に同じアンケートを実施して比較しました。そのうち「同僚に関するもの」についてまとめたものが下図です。「そう思う　5」「ややそう思う　4」「どちらともいえない　3」「あまりそう思わない　2」「そう思わない　1」の5件法で回答を求めたところ，7項目のすべてについて，事前よりも事後の数値が上昇していました。事前の全体平均値は4.1，事後の全体平均値は4.4で，0.3ポイントの上昇が見られました。

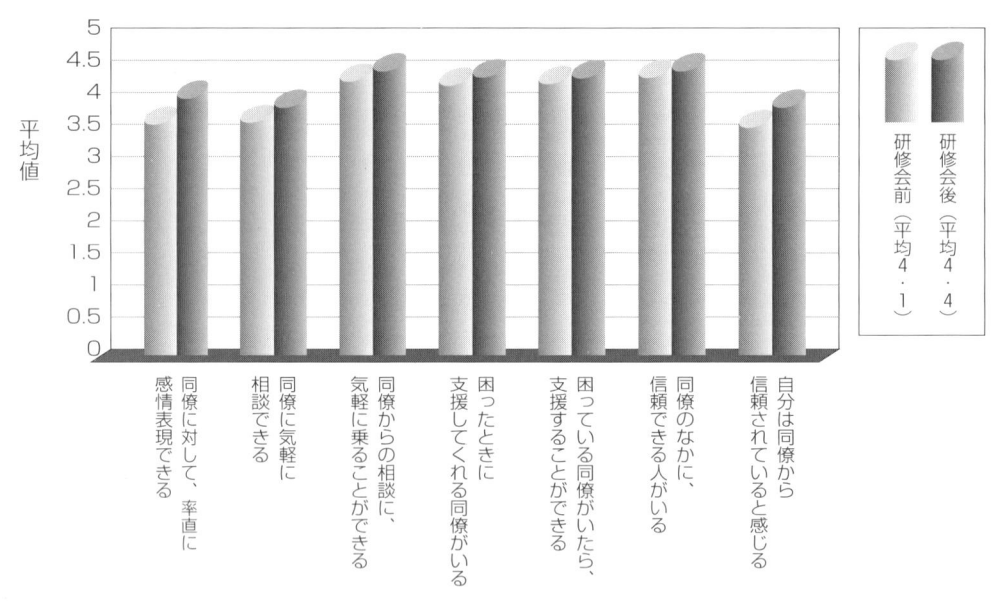

研修会の事前・事後のアンケート「同僚に関するもの」

（2）研修会1週間後のアンケート（自由記述）から

　「よい研修だった」「積極的に交流する大切さがわかった」の記述から，研修会への満足度は高く，同僚と楽しく過ごす有意義さを感じ，相互交流も深まったことがうかがえます。

　また「ゆとりと客観性を意識した」「まず話を聴こうと思った」など自分自身の変化，「同僚と親しくなれた」「声をかけやすくなった」など同僚に対する認知の変化も見られま

した。

（3）研修会半年後のアンケート（自由記述）から

　研修会に一緒に参加した同僚に対しては，気持ちのうえで大きな変化が見られたようですが，参加していない同僚に対しては，あまり変化はなかったようです。「職場には大きな流れのようなものがあるので全体の雰囲気は変わらないが，拠り所はあるような気がする」との意見に代表されるように，この研修会が職場の雰囲気を大きく変えることはなくても「いざというとき，頼れる人がいる」と思えるのは，こころの大きな支えとなります。「現在，評価主義が強まるなかで，孤立しやすい状況におかれている。そのようななかで，このような研修会を通してお互いの人間関係が深まり，共に成長していける仲間づくりが望まれる」という記述も見られました。教師の評価システムが導入され，ともすれば同僚間の協力的な人間関係が築かれにくくなることが懸念される昨今，教師一人一人が日ごろから仲間づくりに関して意識することが必要であると同時に，今回の研修会のように，教師集団に意図的，計画的に働きかける取り組みも必要であると思われます。

❷課題

　研修中に「もっとたくさんの先生方に参加してほしい」という声がたびたび聞かれました。有志を対象とした研修会でしたが，参加は全教員のうち，約4人に1人の割合でした。とくに第2回目は，当日生徒指導上の問題が起こって関係教師が参加できなくなるなど，参加人数が大幅に減ってしまいました。

　また，時期の設定にも課題が残りました。3学期としては比較的参加しやすい時期として，3月上旬を設定しました。成績処理や入試などで忙しいのは承知していましたが，ほかの時期には動かせなかったため，結局この時期になり，参加者が少なかったのは残念です。

　学校が多忙で研修会を設定すること自体むずかしく，さらに，いつ何が起こるかわからないことをあらためて痛感しました。これは今回の課題であると同時に，今後の検討課題でもあります。これについては，夏期休暇中や週末に宿泊研修として行うなどの案が出されました。

グループワークトレーニング
「協力して課題を解決」

❸おわりに

　支え合う雰囲気がある職場で，それぞれ教師が持ち味を発揮することこそ，活気に満ちた学校づくりに必要です。それが，豊かな教育活動の原点でしょう。教師同士のピアサポートは，種をまく前に土を耕す作業です。教師の人間関係を耕したうえで，学校にふさわしい教育活動を展開することが，子どもの成長にとっても不可欠ではないでしょうか。

先生同士のピアサポート(仲間支援)シナリオ

作:池本しおり

〈登場人物〉
A先生:担任　　B先生:養護教諭　　C先生:学年主任

〈場面設定:ある小学校で〉

A先生の担任しているD子は欠席がちであり、登校しているときにも体調不良を訴え保健室を訪れることが多い。B先生はそのようなD子を慮場に受け入れ、D子が保健室を利用することにも寛容である。
ところが、A先生はそのようなB先生の対応に不満をもっており、ついに日ごろ思っている不満を爆発させてしまった。B先生は一方的に責められ、理解されないのかわからなかっただけでなく、今後D子に対してどのように接すればいいのかわからなくなり、学年主任であるC先生に相談を持ちかけた。
そこでC先生がA先生とB先生の間をとりもつという場面である。

〈ロールプレイの留意点〉
①C先生はA先生とB先生の間に立ち、中立の立場で調停する。
②解決方法は、A先生、B先生の意見の中から引き出し、C先生は具体的な解決策を提案しない。

〈互いが納得いくような解決策を導き出すためのコツ〉
○相手の話をよく聴き、気持ちを受容する
○両者のニーズを満たすような「勝一勝の状況」をつくる
○裁かない

■解説
　対立解決は昔からある日常的なものですが、研修会などで、体系立ててで扱われ始めたのは、ここ数年だという印象をもっています。それだけに「研修会などでそのコツを学ぶべき、それほど特別なことではなく、日常的にやっていた」という場面も多いかと思います。
　その反面、この場面では「C先生が解決策を提案するのではなりません。理想的な対立解決には、両者の間を取り持つ、あるいは、昔からよくある「喧嘩両成敗」という「負一負」であって、「勝一勝」とは違っています。このようなことが、対立解決の考え方の根本にあります。

「仲間支援をしよう」
—グループ・カウンセリング—

○まずは心の整理から‥‥

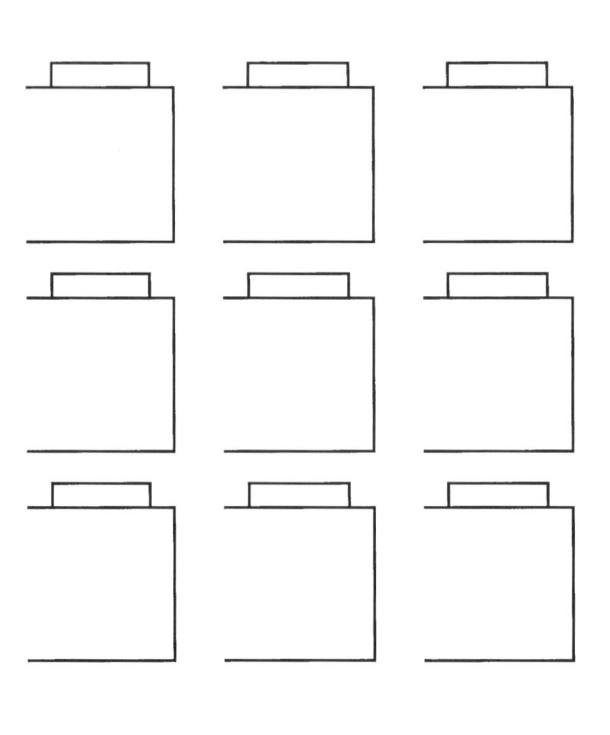

○グループ・カウンセリングの流れ

概要を話す → 内容を明確化する質問をする → 解決策を考える → 感想を述べる
　(3分)　　　　　　　(7分)　　　　　　　　(15分)　　　　　(2分)

〈このサイクルで、全員が話す。最後は全体でシェアリングをする。〉

さまざまなテーマ

明日も来たくなる学校づくり

| 全学年 | 全活動 | 通年 |

元雄紀子

諸富祥彦が語る
この実践 ここがポイント！

■クラスの枠を越えた多様な関係づくり■

　本実践の加賀市立山代小学校は，有名な温泉地に立地しています。土地柄，夜遅くまでお勤めの保護者が多く，親子の時間を十分に確保するのがかなりむずかしいようです。

　この学校ではそうした状況をふまえ，「こころの居場所づくり」に全校あげて取り組んでいます。たいへんあたたかい雰囲気に包まれている学校です。

　居心地のよい学校づくりのために積極的に取り組んでいるのが，異学年間の交流です。上級生はお兄さんお姉さん的役割を果たすことで自己有用感（私も役に立てるのだという実感）が高まり，下級生は依存欲求を満たして安心感をもつことができます。具体的には，五年生の各クラスが「遊びの店」を開き，多彩な遊びを工夫して行っています。楽しく遊ぶなかにも秩序があり，自律的な面が育っています。また，私が秩序あるイキイキ集団づくりのためにイチ押しのエクササイズ「くまがり」を，低学年と高学年の交流で行っているのもすばらしいです。

　また，小学生でも高学年になると，身近な担任の先生には相談しにくいことができてきます。そこをフォローするために担任以外の教師による相談活動も，期間を設定して行っています。校内に多様な関係を築いていけることが，子どもたちの支えとなるのです。

■学校が掲げる目標と成果■

　子どもたちからは明るく元気な印象を受けますが，自分を表現するのは苦手な子どももいるようです。そこで全校あげて「自分づくり」と「人間関係づくり」を目標として掲げ，学校生活のあらゆる場面で実践しています。

　このような取り組みにより子どもたちは自分に自信をもてるようになり，人間関係の調整能力が向上しています。また，教師の側にも担任中心主義を超えたネットワークができるなど，まさに学校全体が成長している様子がよく現れています。

単元全体の計画

全学年　全活動　通年

明日も来たくなる学校づくり

元雄紀子
加賀市立山代小学校

❶ 単元（ユニット）設定の理由

　私たちの学校では，「明日も来たくなる学校づくり」を目指し，「自分づくり」「人間関係づくり」に取り組んでいます。それは，一見人なつっこく明るいけれども，自分を表現したり，友だちと関わったりするのが苦手な子どもが増えてきたからです。

　私たちは，「自分づくり」「人間関係づくり」をあらゆる場面で行い，魅力的な学校づくりをしたいと願っています。

自分づくりとは

　子どもたち一人一人が，
- 自分を肯定できる
- 自分で判断し決定できる
- 自分で決定したことに責任をもつ

人間関係づくりとは
- 他者を肯定できる
- 他者の考えと自分の考えを調整する力をもつ

---

❷ 全体像とこころを育てる仕掛け

自分づくりのために

1. 行動を振り返りながら規範意識を育てる。
2. 教師からの質問型のコミュニケーションを核にして，自己決定力を育てる。
3. どの子どもにも「わかる」「できる」という達成感や満足感をもたせる。
   ①個に応じた手立てを工夫する。
   ②「授業の目標」「目標を達成するための方法」「ルール」について子どもと共通理解する（インフォームドコンセントの導入）。

人間関係づくりのために

1．互いに聴きあい，学びあう姿勢を育てる。
　①子どもの考えを生かした授業展開をする。
　②耳で聴き，目で聴き，心で聴く指導をする。
　③学習の振り返りや，聴き合い活動を行い，友だちのよさに気づいたり，思いや考えを分かち合ったりする場をもつ。
　④グループ活動を積極的に取り入れる。
2．構成的グループエンカウンターで自他理解や人間関係を深める。
3．縦割り活動を積極的に取り入れ，異学年間の人間関係をつくる。また上学年の子どもには上学年生としての自覚を，下学年子どもには上学年子どもに対する信頼感を育てる。
　①天候が悪い時期に，4年生以上のクラスで「遊びのお店」を開き，異学年のふれあいの場とする。
　②縦割り集会を行う。
　③兄弟クラスを設定し，行事やエクササイズを行う。
　④学習したことを異学年の子にも聴いてもらい，互いに認め合う場をもつ。
4．相談活動で，教師と児童が互いに理解を深める。

❸ 実践の内容

　次ページから，「人間関係づくり」のために行った3つの実践を紹介します。

❹ 引用・参考文献

・諸富祥彦著『学校現場で使えるカウンセリング・テクニック　上下』誠信書房

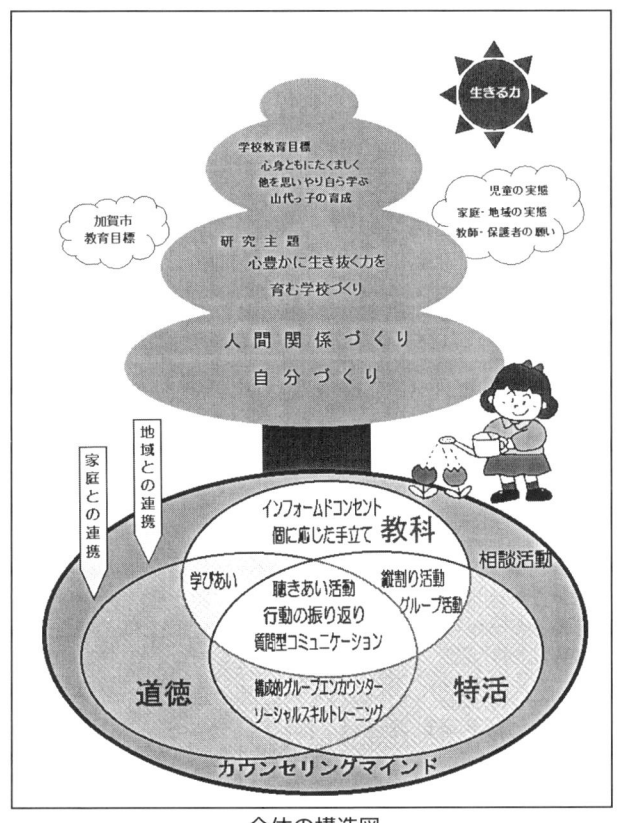

全体の構造図

指導計画と成果①

上級生が下級生に提供する
遊びのお店

●この実践を行った理由

　私たちの学校は全校児童数800人余りで，この地域では大規模校の部類に入ります。そのため，天気の悪い日には子どもが遊ぶ場所が不足しがちです。また，エネルギーがあまっている子どもたちの中には，雨の日でも外に出て遊ぶ子がいます。こうした現状から，ちょっとしたことで子ども同士のトラブルが絶えませんでした。そこで，室内で何とかうまく遊んでくれることを願って「遊びのお店」を作ることにしました。

　この実践では，5・6年生のクラスが，天気が悪い梅雨や冬季の間，休み時間に遊びのお店を開きます。

　学校の様子をご覧になった諸富先生からも「上学年と下学年が一緒に遊ぶ場をもつとよいですよ。上学年の子どもは上学年としての自覚をもち，下学年の子どもは上学年の子に甘え，信頼するようになります。そして，ルールを守ることも身につきます」とご指導いただき，自信をもって「遊びのお店」作りを進めることができました。

●ねらい
- 異学年の人間関係をつくる。
- ルールを守ろうとする態度を育てる。
- 遊びの種類を増やす。

●計画
- 児童会企画委員会で「遊びのお店」を開くことを企画します。
- 児童会企画委員会が代表委員会で「遊びのお店」を開くことを提案，決定します。
- 各クラスで遊びの内容とお店を開く時間を決めます。
- 全校集会で，各クラスが遊びの内容を紹介します。

●実施上のポイント
- 各クラスで目的や気をつけることを話し合ってから，遊びの内容を決めます。
- 全校集会で遊びの紹介をして，5・6年生の子どもたちにはお店を開く意欲を，4年生以下の子どもたちには興味と期待をもたせます。

● 各クラスの遊びの内容とお店を開く日

クラス	遊びの内容	お店を開く時間
5の1	豆つまみ	火・水曜日　昼休み
5の2	ストラックアウト（的当て）	水曜日　長休み
5の3	10秒ストップウォッチ （感覚で10秒を当てる）	金曜日　長休み
5の4	まん歩でマンボ（20秒で何歩足踏みできるかを競う）	月曜日　長休み
6の1	すごろく カンガルー走（ボールを膝の間に挟み競走する）	金曜日　昼休み 火曜日　昼休み
6の2	紙相撲・じゃんけん列車	月曜日　長休み・昼休み
6の3	あっち向いてゲッツ 命のかかし	木曜日　長休み 火・木曜日　昼休み
6の4	キックボーリング（足でけってペットボトルのボーリングピンを倒す）	水曜日　昼休み

● 実践の成果

- 昼休みや長休みに遊び場所ができたことで，子どもたちのトラブルが減ってきました。
- 5・6年生は，自分たちがお店を出す休み時間になると「これから，○年○組で○○をするので来てください」と放送するなど，主体的に行動する姿が見られるようになりました。
- 「お客さんがたくさん来て長く待たせるときがあるので，もっとお店の数か曜日を増やしたらよい」と，お店を開いたクラスから，来てくれる人を考えた発言が出てきました。
- 遊びのお店を出す期間でなくても，上級生がなわとびを教えたり，異学年の子どもが一緒に野球やサッカーに興じたり，学年を超えて遊ぶ姿が見られるようになりました。
- 上学年の子におぶってもらったり，手をつないでもらったりしてうれしそうな姿も見られるようになりました。
- これまで低学年の子どもは，自分たちの教室の付近にいることが多かったのですが，最近は学校のいたるところで見かけるようになり，活動場所にも広がりを見せています。

指導計画と成果②

縦割り活動
異学年でのくまがり

> 一年生がすごく足が早くてビックリしました。思ったよりいうことをきいてくれて楽でした。またチームを代えていっしょにやってみたいです。くまがりをしたあと、いっしょに手をつないだ女の子と図書室で会ってうれしかったです。

●この実践を行った理由

　本校では，学校の規模のためか，同学年の子どものことは知っていても，異学年のことはまったく知らないという現状がありました。そこで「兄弟クラス」を決め，いろいろな活動に取り組むことにしました。兄弟クラスは，1年生と5年生，2年生と4年生，3年生と6年生の同じ学級が組むことにしました。ここでは，「兄弟クラス」で行った「くまがり」というエクササイズによる実践について紹介します。

●ねらい
- 異学年の人間関係をつくる。
- ゲームを通して，ルールを守ることの大切さを学ぶ。

●くまがりのルール

- 上・下学年とも赤帽子と白帽子の2チームに分かれ，それぞれ自分の陣地を決める。
- 各チーム「くま」役を2名，残りは「きつね」「きじ」役の2つに分かれる。「くま」は「きつね」を，「きつね」は「きじ」を，「きじ」は「くま」を捕まえることができる。早く「くま」2匹が捕まったチームが負け。
- 捕まえた（捕まった）時点で，どちらも帽子を脱ぎ，捕まった人を自分の陣地に連れていく。捕まった人にタッチをすれば，その人を助けることができる。

田上不二夫編著『対人関係ゲームによる仲間づくり』金子書房よりルールを変更

●実践の成果

- 5年生から「ゲームに勝ったことより，1年生に話しかけると笑顔で聞いてくれたことがうれしかった」などの感想が多く出されました。自分の言動に対して，1年生が応えてくれる喜びを感じたようです。
- 1年生からも右のような感想が出されました。5年生に対する信頼感をもったようです。
- 「お話を聞くときは，お話ししている人の方を見て」と，1年生に声を掛ける5年生，それに応える1年生，その姿を喜ぶ5年生，互いに信頼感をもったようです。

> 五ねん四くみさんとくまがりができてよかった。そしてやさしいおねえちゃんとペアになれてよかった。ほんとうにたのしかった。

1年生の感想

| 指導案 | 学級活動　1年・5年　くまがり |

1．ねらい

【5年・1年共通】

- ルールを守って，楽しくゲームをしようとする。
- 作戦に従い，自分の役割をはたすことの大切さに気づく。
- 互いに認め合い，自分に対する肯定感と他に対する信頼感をもつ。

【5年】

- 1年生を含めたチーム全体のことを考えながら，作戦を考えたり，自分の役割を果たそうとしたりする。

【1年】

- 5年生にリードしてもらうことにより，尊敬や信頼の気持ちをもつ。

2．展開

展開	子どもの主な活動	留意点
①めあてを確認する。 （10分）	【5年】 「1年生が楽しめるようにする」 「1年生がけがをしないように注意する」 「勝つための作戦をみんなで考える」 【1年】 「5年生の話をしっかり聞く」 「5年生も自分たちも楽しくなるように一生懸命にする」	○教師が最初に，今日の活動がうまくいくように励ます。
②自己紹介ゲームをする。 （5分）	・リーダーが『アウチでよろしく』の説明をする。 ・みんなでゲームをする。	○このゲームで，互いの気持ちをほぐす。
③くまがりゲームをする。 （20分）	・リーダーが今回のルールについて説明する。 ・2チームに分かれ，作戦タイムをもつ。 ・ゲーム後，反省をする。 ・2回戦，3回戦の間に，作戦をたてたり，役割を意識して動きを決めたりしてみる。	○けがをしないように注意する。 ○どのようにしたら勝てるか，作戦タイムで1年生にもわかりやすく，話し合うよう助言する。
④感想を発表する。 （10分）		○教師が子どもの意見をわかりやすく言いかえたり繰り返したりしてひろめる。

指導計画と成果③

担任以外の教師との相談活動

●この実践を行った理由

　休み時間に子どもたちが遊んでいても，教師は，その子どもたちの名前がわかりません。子どもも，担任の先生や教科で教えてもらっている先生しか名前を知りません。本校の規模の大きさからくる問題が，教師と子どもの間にもありました。

　また「担任だとかえって相談しにくいと感じる子もいるものです」と，諸富先生に教えていただきました。そこで，この活動を行うことにしました。

●ねらい
- 教師と子どもたちがお互いを知り合います。
- 子どもたちに何か困ったことが起きたとき，担任以外にも相談できる人をつくります。

●活動の内容
- 校長・教頭をはじめとして，教師の名前を書いた一覧表を用意します。このとき，「だれでもいい」と言う欄を作ることがポイントです。
- 子どもたちは，一覧表から話してみたい先生を3名選びます。「だれでもいい」人は，その欄に丸をつけます。
- 係が集計し，子どもそれぞれが話す教師と話す時間を決めます。
- 1日4〜5人，1人当たり5分程度，時間を特設して1週間行います。

●実施上のポイント
- 一覧表に「だれでもいい」という欄を設けることで，各教師が担当する子どもの人数がばらけます。
- 話す子どもについて，事前に，担任から情報収集しておくことが成功の秘訣です。

●実践の結果——子どもたちへのアンケートより

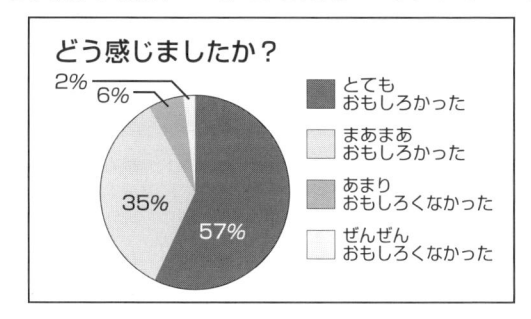

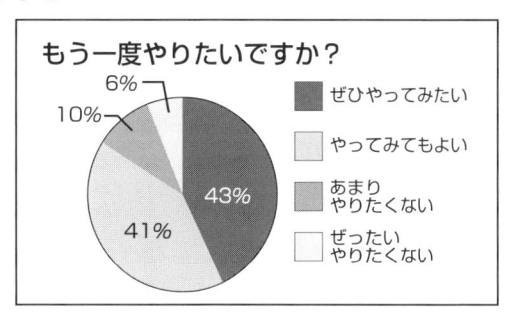

どう感じましたか？
- とてもおもしろかった: 57%
- まあまあおもしろかった: 35%
- あまりおもしろくなかった: 6%
- ぜんぜんおもしろくなかった: 2%

もう一度やりたいですか？
- ぜひやってみたい: 43%
- やってみてもよい: 41%
- あまりやりたくない: 10%
- ぜったいやりたくない: 6%

子どもたちのおもな賛成意見
- もっともっと先生とお話がしたい。
- 思ったより話しやすかった。
- いやなことを人前では言えないけれど，心いっぱい言えてとってもすっきりしました。ずっとストレスがたまっていたので言えてよかったです。
- 先生方はちゃんと話を聞いてくれるし，ほめてくれるしとっても楽しかった。
- マラソン大会のこと応援してもらっていい結果が出た。ありがとうございました。
- 1か月に1回は，先生方とお話をしたい。
- 次は他の先生ともお話ししてみたい。
- 自分のことを話す機会があまりないので，いい機会になったと思う。
- 思ったよりいい答えが返ってきて役立った。やってみようと思えるアイデアでよかった。

子どもたちのおもな反対意見
- 先生と話していると怒られているような感じがして，怖かった。
- 先生と話すのが苦手でなかなかしゃべりにくかった。
- 緊張して何を話してよいかわからなかった。おもしろかったがもうやりたくない。
- 先生って失礼だね。だって成績のことを聞いてくるんだもん。

●実践の成果

- 子どもたちについて多くの情報を得て，クラスの子どもへの認識が深まりました。
- 相談活動の前後に教師同士が情報交換を行ったことから，教師同士のつながりができ，それ以後も子どものことについて情報交換するようになりました。
- 相談活動からしばらくたって，相談したいことがあると担任教師のところに話しに来た子どもがでてきました。
- 相談活動で話した子どもと校舎内で出会うと，教師と子どもが互いに声をかけ合うようになりました。
- 教師に意識の変化が見られるようになりました。担任という意識にしばられず，山代小学校の子どもは山代小学校の教師全員で育てようという意識に少しずつなってきています。子どものことを知って話しかけることが多くなり，より親しみをもって接してくれる子が増えました。注意しなくてはならない場面でも，反発より素直に聞き入れてくれることが多くなりました。
- 子どもとのつながりを深めるうえでとてもよい取り組みだったので，来年度は1学期に担任と，2学期は教師全員と行う予定です。

成果と課題

❶成果

　4月,男女別に固まって遊んだり学習したりしていましたが,休み時間に男女仲よく大縄をしたり,サッカーをしたりするようになり,帰宅後も誘い合って遊ぶことが多くなりました。この変化は学習でも見られ,「自分の考えができたら,だれかと考えを聴き合ってもいいよ」と言うと,男女関係なく数人グループになって互いの考えを聴き合うようになりました。子どもたちも「男女が仲よし」がうれしいらしく,「先生,今までこんなに男女仲よくしたことなかったよ」と笑顔で話してくれました。異学年でも,サッカーをしたり,縄跳びを教え合う姿が見られるようになりました。

　さらに子どもたちは,互いのよさを認め合い,一人一人を受け入れるようになりました。子ども同士の衝突も少なくなりました。A夫とB夫は,毎日のようにけんかしていましたが,あるとき,まじめな態度で学級委員に立候補したA夫を「今のA夫ならやってくれる」とB夫が支持し,二人の関係は穏やかになっていきました。

　このつながりが,子どもたち一人一人に安心感をもたせ,自分づくりにつながりました。1学期初めは,勉強が苦手で自信がもてず,人前でほとんど声を出せなかったA子が,冗談を言い,みんなを笑わせるようになりました。友だちがいなくて,休み時間も暗い顔をしていたB子は,他学年との委員会活動でも活発に発言するようになりました。体が大きく運動が苦手なC夫は,入学以来マラソン大会に出たことがなく,長く歩く課外活動もいやがっていましたが,「どれだけできるかわからないけど,みんながすることはぼくも参加する」と言うようになりました。

　専科の音楽教師は「人間関係ができていると,自分でよくなろうとその子なりに努力するし,自分たちで学習していく」と話していました。私たち教師は,「自分づくり」「人間関係づくり」の重要性を痛感し,意識するようになってきました。

❷課題

1. 「自分づくり」「人間関係づくり」を,教科・領域などの授業時間も含めて日常的に行い,深めていくことです。
2. 地域や,幼・保・中などとより広いネットワークを構築し,連携をとることです。

おわりに

　教師バッシング，学校バッシングの矢面に，学校や教師が立たされています。しかし，私が千葉大学の教育学部で出会ってきた方々の中には，頭が下がるほどすばらしい実力や志をもった先生方がたくさんおられました。

　千葉大学には，全国でも一番多いのではないかと思うほど，たくさんの先生方が長期研修として派遣されています。1年間で1つの単元を作るその実践研究は，短期間で手っ取り早く仕上げたほかの実践報告とは違って，「これでもか」といえるくらいにみがき上げられたものです。

千葉大学での最後の授業の日に

　その多くは，これから他の先生方によって，創意工夫を加えたり追試を試みたりしていただければ，さまざまな方向に広がっていく可能性がある，基本的なモデルとなりうる実践です。その成果が地域の一部に紹介されるにとどまり，全国に発信されていないことは，日本の学校教育にとって非常にもったいないことだと，ずっと思っていました。今回私が明治大学に移るにあたって，一つの区切りとして，11年間に渡り千葉大学で出会った先生方の実践の中から，「これはベストだ」と思える実践を集め，編ませていただいたのがこの本です。

　読者の先生方には，これを一つのモデルにして，自分なりの工夫を加え，ご自分なりの実践をつくっていっていただきたいと思います。ここに載っている実践はどれも，そのたたき台になるのにふさわしい，価値のある実践です。また，「こんな面白い実践ができましたよ」というものがありましたら，どうぞ私の研究室（明治大学文学部　〒101-8301 東京都千代田区神田駿ヶ台1-1 14号館B611）まで郵送していただきたいと思います。

　本書の発刊によって，モデルとなるすばらしい実践研究が全国に紹介され，日本の学校教育のこころを育てる実践全体が，徐々に徐々にレベルアップしていくことをこころから願っています。

　千葉大学での11年間で，出会った先生方へ感謝の気持ちを込めて。

諸富祥彦

執筆者一覧　（50音順，2004年5月現在）

池本しおり	岡山県立岡山朝日高等学校教諭
石井　和恵	千葉大学大学院教育学研究科学生
今井　常夫	富津市教育委員会指導主事
上杉　賢士	千葉大学教授
大平　睦美	佐原市立佐原小学校教諭
尾高　正浩	千葉市立打瀬小学校教諭
桜井　美弥	足利市立山辺中学校教諭
末吉　　智	勝浦市立行川小学校教諭
関　　弘子	千葉県長柄町立水上小学校教諭
土田　雄一	千葉県子どもと親のサポートセンター研究指導主事
並木　孝樹	柏市立高田小学校教諭
野本　真理	高知県伊野町立伊野南小学校教諭
本多妃佐子	市川市立新浜小学校教諭
藤川　大祐	千葉大学助教授
元雄　紀子	石川県加賀市立山代小学校教諭
森重　裕二	滋賀県土山町立土山小学校教諭
諸富　祥彦	明治大学助教授
矢澤　敏和	銚子市立本城小学校教諭
矢島　基一	野田市立みずき小学校教諭
行木　順子	千葉県光町立日吉小学校教諭

編集者紹介

諸富 祥彦
(もろとみ よしひこ)

明治大学文学部助教授。1963年福岡県生まれ。筑波大学，同大学院博士課程修了。千葉大学教育学部助教授（11年）を経て現職。教育学博士。中央教育審議会専門委員。「現場教師の作戦参謀」として，抽象的ではない実際に役立つアドバイスを先生方に与えている。ちばエンカウンターを学ぶ会顧問，教師を支える会代表。著書『自分を好きになる子を育てる先生』（図書文化），『学校現場で使えるカウンセリングテクニック 上下』（誠信書房），『子どもより親が怖い』（青春出版），『生きがい発見の心理学』（新潮社）など。著作・研修の案内はホームページ（http://morotomi-y.hp.infoseek.co.jp/），講演依頼はメール（zombieee11@ybb.ne.jp）かFAX（03-3296-2631）にて。

小学校 こころを育てる授業 ベスト17

2004年6月25日　初版第1刷発行［検印省略］
2008年9月10日　初版第3刷発行

編　集　諸富祥彦 ©
発行人　村主典英
発行所　株式会社 図書文化社
　　　　〒112-0012　東京都文京区大塚3-2-1
　　　　Tel.03-3943-2511　Fax.03-3943-2519
　　　　http://www.toshobunka.co.jp/
　　　　振替　00160-7-67697

イラスト　鈴木真司
装　幀　田口茂文
ＤＴＰ　有限会社 美創社
印刷所　株式会社 厚徳社
製本所　笠原製本株式会社

乱丁・落丁本の場合はお取り替えいたします
定価はカバーに表示してあります
ISBN　978-4-8100-4433-1　C3337

構成的グループエンカウンターの本

必読の基本図書

エンカウンターとは何か　教師が学校で生かすために
國分康孝ほか共著　B6判　定価：1,600円＋税

エンカウンター スキルアップ　ホンネで語る「リーダーブック」
國分康孝ほか編　B6判　定価：1,800円＋税

エンカウンターで学校を創る
國分康孝監修　B5判　定価：各2,600円＋税

目的に応じたエンカウンターの活用

エンカウンターで総合が変わる　小学校編・中学校編
國分康孝監修　B5判　定価：各2,500円＋税

エンカウンターで進路指導が変わる
片野智治編集代表　B5判　定価：2,700円＋税

エンカウンターで学級づくりスタートダッシュ　小学校編・中学校編
諸富祥彦ほか編著　B5判　定価：各2,300円＋税

エンカウンターでイキイキわくわく保健学習　小学校
國分康孝・國分久子監修　酒井緑著　B5判　定価：2,300円＋税

エンカウンター　こんなときこうする！小学校編・中学校編
諸富祥彦ほか編著　B5判　定価：各2,000円＋税　ヒントいっぱいの実践記録集

多彩なエクササイズ集

エンカウンターで学級が変わる　小学校編　Part1～3
國分康孝監修　全3冊　B5判　定価：各2,500円＋税　ただしPart1のみ定価：2,233円＋税

エンカウンターで学級が変わる　中学校編　Part1～3
國分康孝監修　全3冊　B5判　定価：各2,500円＋税　ただしPart1のみ定価：2,233円＋税

エンカウンターで学級が変わる　高等学校編
國分康孝監修　B5判　定価：2,800円＋税

エンカウンターで学級が変わる　ショートエクササイズ集　Part1～2
國分康孝監修　B5判　定価：①2,500円＋税　②2,300円＋税

目で見るエンカウンター

3分で見るエクササイズ　エンカウンター　CD-ROM　定価：3,200円＋税
國分康孝監修・正保春彦編集　出演：正保春彦・片野智治・明海大学正保ゼミのみなさん

ビデオ　構成的グループエンカウンター実践技法　全8巻
國分康孝・國分久子監修　各巻約40分　各14,000～18,000円＋税　製作 株式会社テレマック

図書文化

※定価には別途消費税がかかります